Wilfried Plock

Jesus ist der Weg

Christlicher Mediendienst Hünfeld GmbH
Mackenzeller Str. 12
D-36088 Hünfeld
Tel.: (06652) 91 81 87
Fax: (06652) 91 81 89
www.mediendienst.org

Da die Texte dieses Buches auf Vorträgen basieren, fehlen manchmal die Quellenangaben für die Zitate. Für entsprechende Hinweise sind wir dankbar.

1. Aufl. 2006
1.-7. Aufl. CLV Bielefeld

8. Aufl. 2020 CMD Hünfeld
Christlicher Mediendienst Hünfeld GmbH
Mackenzeller Str. 12
D-36088 Hünfeld
Tel.: (06652) 91 81 87
Fax: (06652) 91 81 89
www.mediendienst.org

Umschlaggestaltung: Lucian Binder, Marienheide
Satz: CLV
Druck: www.arkadruk.pl

Bestell-Nummer: 250945
ISBN: 978-3-945973-41-7

Inhalt

Vom Christentum enttäuscht – von Christus überrascht!

»Euer Herz werde nicht bestürzt. Ihr glaubt an Gott, glaubt auch an mich! Im Hause meines Vaters sind viele Wohnungen. Wenn es nicht so wäre, würde ich euch gesagt haben: Ich gehe hin, euch eine Stätte zu bereiten? Und wenn ich hingehe und euch eine Stätte bereite, so komme ich wieder und werde euch zu mir nehmen, damit auch ihr seid, wo ich bin. Und wohin ich gehe, dahin wisst ihr den Weg. Thomas spricht zu ihm: Herr, wir wissen nicht, wohin du gehst. Und wie können wir den Weg wissen? Jesus spricht zu ihm: Ich bin der Weg und die Wahrheit und das Leben. Niemand kommt zum Vater als nur durch mich.«

(Johannes 14,1-6)

Vor einiger Zeit traf ich einen Mann. Er sagte zu mir: *»Sieben Jahre bin ich jetzt schwer krank, aber unsere Pfarrerin hat mich noch kein einziges Mal besucht!«* Seine Enttäuschung war mit Händen zu greifen.
Vor Jahren nahm ich an einer Einlade-Aktion in der Nähe von Baden-Baden teil. Da saß ein Mann am Samstagnachmittag vor seinem Haus. Wir kamen ins Gespräch. Als ich mit ihm über Christus reden wollte, kam der berühmte Satz über seine Lippen: *»Gott ja – aber sein Bodenpersonal!«* Damit meinte er wohl die Pfarrer, Prediger, Pastoren oder sonstige Christen, die ihm irgendwann mal auf die Füße getreten waren. Wieder einer, der vom Christentum enttäuscht war.

Einige Zeit später erhielten meine Frau und ich einen traurigen Brief. Da schrieb eine alte Bekannte: *»Zu viele so genannte Christen haben mich verletzt ... Gottes Bodenpersonal hat sich zum Teil schäbiger benommen als so manche Nichtchristen ... Die Ausrede ›Christen sind auch nur Menschen‹ kann ich so nicht länger hinnehmen ... Das Bibellesen habe ich auch aufgegeben ...«*

Diese Reihe ließe sich beliebig fortsetzen. Wenn man einmal die heutige Christenheit etwas genauer betrachtet, dann könnte einem schon die Schamröte ins Gesicht steigen. Es gibt auch unter Christen scheinbar nichts, was es nicht gibt: Da ist irgend so ein frommer Typ, und plötzlich stellt sich heraus, dass er etwas mit seiner Sekretärin hatte. Der Leiter eines Missionswerkes sitzt auf einmal hinter »schwedischen Gardinen«, weil er mit dem anvertrauten Geld nicht korrekt umgegangen ist. Oder da ist irgendwo so ein frommes Haus. Sonntags sitzen alle in der Kirche oder in der Gemeinde. Aber die ganze Woche über wird von morgens bis abends an einem Stück gestritten, dass es die Nachbarn durch alle Wände hören. Da sagen sich viele Zeitgenossen: *»Die Christen, aber auch das ganze Christentum, haben mich zu schwer enttäuscht. Wenn ich dann noch an die Kreuzzüge denke, an die Inquisition und an die modernen Glaubenskriege der Gegenwart, wenn sich Menschen im Namen Gottes gegenseitig die Schädel einschlagen, dann habe ich die Nase gestrichen voll vom Glauben. Christentum? Nein danke. Davon bin ich enttäuscht.«*

Was entgegnen wir nun? Müssen wir angesichts solchen Versagens des Christentums nicht kleinlaut verstummen? Haben wir überhaupt noch das Recht, öffentlich zum Glauben einzuladen? Schauen Sie, an dieser Stelle muss ich Sie auf etwas ungeheuer Wichtiges hinweisen:

Nirgendwo steht geschrieben, dass wir an Menschen glauben sollen

Weder an Pfarrer noch an Priester, weder an Missionare noch an Evangelisten, weder an Diakone noch an sonst irgendeinen Christen, weder an Gruppen noch an christliche Institutionen, noch an Kirchen, noch an Freikirchen … Wer an Menschen glaubt und sich an Menschen hängt, der muss scheitern! In Jeremia 17,5 steht: *»Verflucht ist der Mann, der sich auf Menschen verlässt …«* Aber in meiner Bibel steht auch geschrieben: *»Glaube an den Herrn Jesus, so wirst du gerettet!«* (Apostelgeschichte 16,31). Menschen müssen enttäuschen. Auch die Besten, auch die Edelsten müssen irgendwann enttäuschen. Wie viele haben mich bereits enttäuscht! Christen, auf die ich viel gesetzt hatte. Aber wie viele habe ich schon enttäuscht? Leute, die vielleicht von mir Hilfe erwarteten, und ich habe sie ihnen verwehrt. Darum noch einmal: Menschen müssen letztlich enttäuschen – allein Jesus Christus enttäuscht nie. Er hält, was er verspricht. Er hat sich mit ewiger Treue an sein Wort gebunden. Wenn wir der Heiligen Schrift Vertrauen schenken, haben wir im Leben und im Sterben Felsengrund unter den Füßen.

Ich habe eben die modernen Glaubenskriege angesprochen. In den Nachrichten hören wir von »christlichen Milizen« im Nahen Osten oder von »protestantischen

Kampftruppen«, die in Nordirland durch ein katholisches Wohngebiet marschiert sind. Da muss ich ein Zweites sagen:

Nicht alle, die sich Christen nennen, sind wirklich Christen

Diesen Tatbestand müssen wir einfach ganz nüchtern feststellen. Nicht alles, was im Namen des Christentums geschieht, kann einfach den Christen in die Schuhe geschoben werden. Sehen Sie, ein guter Bekannter von mir heißt Schneider. Es würde mir allerdings nicht im Traum einfallen, meine Anzüge zu ihm zu bringen. Er heißt Schneider, ist jedoch kein Schneider, sondern Chemielaborant.

Ähnlich verhält es sich mit dem Christentum. Vieles sieht christlich aus, ist es jedoch nicht. Nach dem Motto: Was nicht süß ist, das ist süßlich. Was nicht schwarz ist, das ist schwärzlich. Was nicht Christ ist, das ist christlich. Christ ist eben nicht, wer zu irgendeiner Kirche oder Freikirche oder irgendeinem christlichen Verein gehört, bestimmte Sakramente empfangen hat und ansonsten ein anständiger Mensch ist, sondern ein Christ ist, wer von neuem geboren ist. Christ wird man nur durch Christus. Wo er nicht der Herr des Lebens ist, da sind die Leute eben keine Christen, sondern Namenschristen, »Kirchenkarteileichen«, wie Pater Leppich das scharfzüngig beschrieben hat. Diese Menschen haben lediglich eine Fassadenfrömmigkeit, mit der sie nicht in der Lage sind, ein Leben zur Ehre Gottes zu führen.

Echte und Heuchler

Doch wird kein Mensch ernstlich bestreiten, dass es auch viele wahre Christen gibt, oder? Nur wird die Gemeinde Jesu Christi außerhalb des Himmels gebaut. Darum ist noch Unkraut unter dem Weizen. Was macht nun ein Bauer, wenn er Weizen gesät hat, und er findet Unkraut unter dem Weizen? Nimmt er seinen großen Pflug und ackert alles wieder unter? Mitnichten. Oder würden Sie den ganzen Inhalt Ihres Geldbeutels wegwerfen, nur weil sich eine falsche Münze darunter gemischt hat? Wenn einige »Christen« Lügner und Heuchler sind, so ist doch Christus kein Betrüger. Er ist ohne Falsch und lädt bis heute die Sünder zu sich ein. Außerdem muss keiner für den anderen geradestehen. Das muss jeder für sich selbst. Auch vor Gott. Alle Heuchler sind jedoch vom Himmel ausgeschlossen.

Der Zettel

Ein Mann sagte einmal zu seinem Seelsorger, er wolle Christus nicht als seinen Herrn annehmen, denn er sei von einem anderen, der sich Christ nannte, in finanzieller Hinsicht betrogen worden. *»Ist das wirklich der einzige Grund?«*, fragte der Pastor. *»Ja.«* – *»Ich schlage vor, wir machen das schriftlich«*, meinte der, zog sein Notizbuch heraus und schrieb: *»Ich bin deshalb kein Christ, weil einer, der vorgab, Christ zu sein, mich in einer geschäftlichen Angelegenheit übers Ohr gehauen hat.«* Dann riss er das Blatt heraus, gab es dem Mann und sagte: *»Wenn Sie vor den Richterstuhl*

Gottes treten und er Sie fragt, warum Sie seinen Sohn abgelehnt haben, können Sie ihm diesen Zettel geben.« Damit ließ er den Mann stehen.
Er war kaum zu Hause, als es an seiner Tür klingelte. Draußen stand der Mann mit dem Zettel in der Hand. *»Ich bringe das Papier zurück«*, meinte er. *»Es wird wohl als Entschuldigung vor Gott nicht ausreichen.«* Es dauerte nicht lange, bis er sich von Herzen zu Gott bekehrt hatte und ein Gläubiger geworden war.
Darf ich an dieser Stelle einmal ganz persönlich werden? Was haben Sie eigentlich für einen Zettel? Sind Sie von Christen oder solchen, die sich Christen nannten, enttäuscht worden? Vielleicht von Ihren Eltern? Vielleicht von Ihrem Ehepartner? Von Nachbarn? Von Arbeitskollegen? Von Ihrem Pfarrer? Von Ihrer Gemeinde? Von irgendwelchen Christen? Ich bitte Sie herzlich: Bleiben Sie nicht bei dieser Enttäuschung stehen. Kommen Sie weiter zu Jesus Christus selbst und zur reinen Quelle seines Wortes. Menschen müssen enttäuschen – der Sohn Gottes enttäuscht nie. Auf ihn kann man sich in jeder Hinsicht und in jeder Situation hundertprozentig verlassen.
Wissen Sie, was mich hinsichtlich des Christentums immer wieder überzeugt? Es hat wohl noch nie einen Christen gegeben, der auf seinem Sterbebett bedauerte, dass er mit und für Christus gelebt hatte. So etwas habe ich noch nie gehört oder gelesen oder erlebt. Alle mussten bekennen: Christus hat mich nie enttäuscht. Aber auf der anderen Seite hat es Unzählige gegeben, die ihr Leben ohne Christus auf dem Sterbebett bitterlich bereut haben.

Unvollkommene Christen

Christen sind keine perfekten Leute. Es gibt auch keine perfekte Gemeinde auf dieser Erde. Wir möchten zwar niemandem Anstoß geben, aber die Schwachheit unserer menschlichen Natur macht uns manchmal einen Strich durch die Rechnung. Wir wollen uns aber nicht allzu schnell entschuldigen. Ein Christ, der wissentlich und willentlich nicht nach christlichen Grundsätzen lebt, kann dem Namen Gottes mehr Schaden zufügen als hundert Atheisten. Gott ist sein Name zu heilig, als dass er sich mit unserem Unrecht verbinden würde. Heilige können versagen. Einen Christen erkennt man also nicht daran, dass er keine Fehler macht, sondern daran, dass er zu seinen Fehlern stehen kann. Darauf kommt es an. Wenn Christen allerdings nicht zu ihren Fehlern stehen können, dann werden andere Menschen unweigerlich Enttäuschungen erleben.
Vom Christentum enttäuscht? – Ich bin froh, dass unser Thema noch einen zweiten Teil hat.

Von Christus überrascht!

Im Johannesevangelium wird von Thomas berichtet. Thomas war drei Jahre lang mit Jesus unterwegs gewesen. Er hatte all seine Reden gehört. Er hatte all seine Zeichen und Wunder gesehen. Doch Thomas war ein Skeptiker. Er hätte nie einen Versicherungsvertrag unterschrieben, ohne vorher das Kleingedruckte gelesen zu haben. Und als Christus davon sprach, dass er die Jünger verlassen und zum Vater gehen werde, da war es Thomas, der einhakte: *»Herr, wir wissen nicht, wohin du gehst. Und wie können wir den Weg wissen?«* Mit diesem skeptischen Einwand gab er Christus die Gelegenheit zu einer der schönsten und wichtigsten Aussagen der ganzen Bibel:

»Jesus spricht zu ihm: Ich bin der Weg und die Wahrheit und das Leben. Niemand kommt zum Vater als nur durch mich« (Johannes 14,6).

Aber am nächsten Tag hing dieser Jesus tot am Kreuz. Von den Römern hingerichtet. Und da fragte sich Thomas: Wie kann ein Toter der Weg zu Gott sein? Das passte bei ihm nicht zusammen. Thomas zog sich enttäuscht vom Christentum zurück.

Dann wurde Christus tot ins Grab gelegt. Alles schien vorbei zu sein. Doch am dritten Tag erweckte Gott seinen Sohn von den Toten. Am Abend des Auferstehungstages erschien Christus seinen zehn Jüngern, die sich verbarrikadiert hatten. Judas war nicht mehr am Leben. Thomas hatte sich zurückgezogen. Wie gut, dass er nicht vergessen wurde. Die anderen Jünger rannten zu ihm hin und bezeugten: *»Wir haben den Herrn gesehen!«*

Aber Thomas reagierte äußerst skeptisch: *»Wenn ich nicht in seinen Händen das Mal der Nägel sehe und meine Finger in das Mal der Nägel lege und lege meine Hand in seine Seite, so werde ich nicht glauben.«* Basta!

Acht Tage später trat der Auferstandene noch einmal in die Mitte seiner Jünger. Christus wandte sich direkt an Thomas: *»Reiche deinen Finger her und sieh meine Hände, und reiche deine Hand her und lege* *sie in meine Seite, und sei nicht ungläubig, sondern gläubig.«* Und Thomas antwortete: *»Mein Herr und mein Gott«* (Johannes 20,29). Thomas war der erste Mensch, der Jesus Christus »Gott« nannte – nicht nur »Gottes Sohn«. Seine Erkenntnis wurde zum Bekenntnis. Mit anderen Worten: Thomas wurde buchstäblich von Christus überrascht.

Die Person Jesus Christus

Haben Sie sich schon einmal intensiv mit der Person und dem Leben Christi beschäftigt? Jeder, der dies tut, wird erkennen: Jesus Christus ist eine wunderbare Persönlichkeit. Der Kirchengeschichtler Scott Latourette schrieb: *»Misst man dieses kurze Leben an den Früchten, die es in der Geschichte gebracht hat, dann war es das Leben, das auf diesem Planeten den größten Einfluss ausgeübt hat ... Durch ihn wurden Millionen einzelner Personen verändert und begannen, ein Leben zu führen, das er exemplarisch vorgelebt hatte. Aufgrund der eingetretenen Veränderungen wurden die Geburt, das Leben, der Tod und die Auferstehung Jesu zu den wichtigsten Ereignissen der Menschheitsgeschichte. Gemessen an seinem Einfluss ist Jesus Christus der Mittelpunkt der menschlichen Geschichte.«*[1] Keine Persönlichkeit hat so viele Maler zum Pinsel, so viele Komponisten zu den Notenblättern, so viele Dichter zur Feder greifen lassen. Jedes Datum, das geschrieben oder gedruckt wird, ist ein Hinweis auf ihn. Er

---

1 Quelle leider nicht bekannt.

war die größte Persönlichkeit, die je auf dieser Erde gelebt hat.

Erstaunliche Bekenntnisse

Das erkannten manchmal sogar Menschen, die ihr Leben lang Atheisten gewesen waren oder zumindest ohne Christus gelebt hatten – zum Beispiel Jean-Jacques Rousseau, ein Philosoph des 18. Jahrhunderts. Er forderte zur Rückkehr zur Natur auf und lehrte im Gegensatz zur Bibel die angeborene Reinheit des Herzens. Aber in seinem Buch *»Émile«* schreibt er Folgendes:

»Ich muss euch bekennen, dass die Heiligkeit des Evangeliums ein Argument ist, das sehr zu meinem Herzen spricht. Es täte mir leid, wenn ich darauf gute Gegenargumente fände. Betrachtet die philosophischen Bücher in ihrem Pomp! Wie klein sind sie neben dem Evangelium! Ist es möglich, dass Jesus nur ein gewöhnlicher Mensch war? Hat er den Ton eines Enthusiasten oder eines ehrgeizigen Sektierers an sich? Welch eine Reinheit, welch eine Gefälligkeit in seinen Sitten! Welche Anmut in seinen Lehren! Welch eine Erhabenheit in seinen Aussprüchen, welch eine tiefe Weisheit in seinen Reden! Welch eine Geistesgegenwart, Feinheit und Aufrichtigkeit in seinen Antworten! Welch eine Gewalt in seinen Leiden! Wo ist der Mensch, wo ist der Weise, der ohne Schwachheit, ohne Prahlerei wirken, leiden und sterben kann? Mein Freund, so etwas kann man nicht erfinden.«[2]

---

[2] Jean-Jacques Rousseau, *Émile oder Über die Erziehung.*

Wissen Sie, ich blicke so gerne auf Christus, dann werde ich immer wieder überrascht. Wenn ich sehe, wie er den Sturm auf dem See Genezareth gestillt hat. Wenn ich lese, wie er zu der Ehebrecherin sagte: *»Frau, hat dich niemand verurteilt? Dann verurteile ich dich auch nicht«* (Johannes 8,11). Wenn ich sehe, wie er mit Zöllnern und Sündern speiste und wie geduldig er mit seinen Jüngern umging.
Jesus Christus enttäuschte niemanden, obwohl er selbst von vielen bitter enttäuscht wurde. Von den eigenen Verwandten verkannt, von den eigenen Jüngern verraten und verlassen, vom eigenen Volk zum Tode verurteilt und hingerichtet. Aber er ist auferstanden. Und er lebt! Mehr als 500 haben ihn als den Auferstandenen gesehen. Millionen haben ihn seither erlebt, wie er in ihr Leben kam und wie er ihr Leben positiv verändert hat.

Eine persönliche Einladung

Gott ist nur ein Gebet weit von Ihnen entfernt. Aber es darf nicht das Gebet eines Unentschlossenen sein. Ich fand einmal ein solches Gebet: *»Ich weiß meine Not und ende sie nicht, ich weiß meine Schuld und wende sie nicht, ich weiß meine Kette und breche sie nicht, ich weiß das Wort und spreche es nicht, ich weiß den Weg und gehe ihn nicht, ich weiß das Licht und sehe es nicht.«*
Dieses Gebet sprach von Not und Schuld. Haben Sie schon einmal darüber nachgedacht, wie oft Sie Gott enttäuscht haben? Haben Sie Gott immer von ganzem

Herzen geliebt und geehrt? Haben Sie ihm nicht schon einmal versprochen, dass er an der ersten Stelle Ihres Lebens sein sollte? Haben Sie immer den Nächsten geliebt wie sich selbst? Vielleicht erkennen Sie selbst: Sie sind vor dem heiligen Gott ein verlorener Sünder. Man kann allerdings anders beten: *»Herr Jesus Christus, ich danke dir, dass du mich liebst. Obwohl ich nun schon ... Jahre ohne dich gelebt habe, willst du mit mir heute neu anfangen. Danke, dass du alle meine Schuld und auch die Strafe Gottes für jede Sünde am Kreuz auf Golgatha getragen hast. Ich bin das nicht wert. Ich weiß, dass ich eigentlich den zeitlichen und ewigen Tod verdient habe. Aber nun will ich dir meine ganze Last bekennen ... Ich bereue meine Sünden und mein Eigenleben aus tiefstem Herzen. Reinige du mich bitte durch die Kraft deines vergossenen Blutes. Du wirst mir helfen, dass ich meine Schuld – wo nötig – auch vor Menschen in Ordnung bringe. Ich möchte jetzt für dieses und für das zukünftige Leben dein Eigentum sein ...«*

Jesus ist der Weg

Entspricht dieses Gebet Ihrem Verlangen? Dann vertrauen Sie doch Christus Ihr Leben an – mit allen Enttäuschungen, aber auch mit aller Schuld und Sünde. Er ist der Weg, die Wahrheit und das Leben. Wollen Sie diesen Weg gehen? Dann müssen Sie ihn betreten. Von Natur aus ist niemand auf diesem Weg. Kehren Sie um vom falschen Weg und wenden Sie sich auf den richtigen Weg. Er ist die Wahrheit. Wollen Sie seinem Wort glauben? Dann vertrauen Sie sich Christus an und gehorchen Sie seinem Wort. Er ist das Leben. Wollen Sie dieses Leben empfangen? Dann nehmen Sie ihn im Gebet in Ihr Leben auf. Laden Sie ihn ein, in Ihr Herz zu kommen. Er wird einkehren. Ganz gewiss.

Gott – wer ist das?

»Paulus aber stand mitten auf dem Areopag und sprach: Männer von Athen, ich sehe, dass ihr in jeder Beziehung den Göttern sehr ergeben seid. Denn als ich umherging und eure Heiligtümer betrachtete, fand ich auch einen Altar, an dem die Aufschrift war: Einem unbekannten Gott. Was ihr nun, ohne es zu kennen, verehrt, das verkündige ich euch. Der Gott, der die Welt gemacht hat und alles, was darinnen ist, er, der Herr des Himmels und der Erde, wohnt nicht in Tempeln, die mit Händen gemacht sind, noch wird er von Menschenhänden bedient, als wenn er noch etwas nötig hätte, da er selbst allen Leben und Odem und alles gibt. Und er hat aus einem jede Nation der Menschen gemacht, dass sie auf dem ganzen Erdboden wohnen, indem er festgesetzte Zeiten und die Grenzen ihrer Wohnung bestimmt hat, dass sie Gott suchen, ob sie ihn wohl tastend fühlen und finden möchten, obgleich er nicht fern ist von jedem von uns.«

(Apostelgeschichte 17,22-27)

Ein Erwachsener unterhielt sich mit einem Mädchen über den biblischen Glauben. Das Kind glaubte, der Erwachsene war skeptisch. Nach einer Weile sagte das Mädchen: *»Gott ist so klein, dass er in meinem Herzen Wohnung genommen hat. Aber er ist so groß, dass er in deinem Kopf keinen Platz hat!«*
Damit sind wir bei unserem Thema. Was haben wir für ein Gottesbild? Ein philosophisches für den Kopf oder ein biblisches für das Herz?

Für die meisten Menschen ist Gott eine Schlussfolgerung, aber keine Realität. Sie kennen Gott nur vom Hörensagen. Der Glaube an ihn ist lediglich ein Überbleibsel aus einem Glaubensbekenntnis, das sie mal als Kind gelernt haben. Für viele andere ist Gott nichts als ein Ideal, ein anderer Name für Güte, Schönheit oder Wahrheit. Alle diese Gottesvorstellungen haben eins gemeinsam: Es liegt ihnen keine persönliche Gotteserfahrung zugrunde.
Was haben wir für ein Gottesbild? Ein philosophisches für den Kopf oder ein biblisches für das Herz?
Wer ist Gott? Und wie ist er? Das sind jahrtausendealte Fragen. Das bewegte schon die alten Ägypter, Babylonier, Chinesen, Griechen, Römer und Germanen.
Ich kann jetzt unmöglich auf alle altertümlichen Gottesvorstellungen eingehen. Halten wir uns einmal vor Augen, welches Bild die Griechen im ersten Jahrtausend vor Christus entworfen haben, weil ihre Philosophie das Abendland wohl am meisten geprägt hat.[3]
Der philosophische Gottesbegriff der alten Griechen unterschied sich stark von dem der Bibel:

Der Gott der Philosophen	**Der Gott der Bibel**
ein höheres Sein	eine Person
ruht (statisch)	handelt (dynamisch)
ist ein »ES«	ist ein »ER«
Sünde = Mangel an Sein	Sünde = Rebellion gegen eine Person

---

[3] Für dieses Kapitel wurden handschriftliche Aufzeichnungen eines Vortrags verwendet, die dem Autor leider nicht mehr zugänglich sind.

Die Griechen lehrten: Gott ist ewig. Gott ist harmonisch. Gott ruht in sich selbst. Gott ist der unbewegte Beweger. Gott ist »statisch«. Gott ist – nach Meinung der alten Griechen – unempfindlich, unbegreiflich, unendlich, unveränderlich, unsichtbar und unsagbar. Gott ist unbekannt. Als Paulus nach Athen kam, fand er einen Altar vor mit der Inschrift: *»Einem unbekannten Gott«* (Apostelgeschichte 17,23).

Welches Gottesbild haben wir?

Und genau das ist auch die Situation der meisten Menschen heute. Sie kennen Gott nicht. Und sie haben sich auch noch nie die Mühe gemacht, Gott zu suchen und kennenzulernen. Darum spielt Gott keine wirkliche Rolle in ihrem Leben. Er wird ab und zu bei bestimmten Festtagen in der Familie wie Kommunion und Konfirmation oder an Feiertagen wie Ostern und Weihnachten bemüht. Ansonsten hat Gott keine wirkliche Bedeutung in ihrem Leben. Und wenn dann mal etwas schief geht, wenn Krankheiten oder Todesfälle kommen, dann wird er noch auf die Anklagebank gesetzt mit der Frage: Wie konnte er das zulassen?

Wenn einem Gott zerbricht, dann zerbricht immer das Bild, das man sich von Gott gemacht hat. Wir werden in unserem Leben niemals von Gott im Stich gelassen, wohl aber von unseren Gottesbildern. Die können zerbrechen, ja, die müssen sogar zerbrechen, wenn wir den wirklichen, lebendigen Gott finden wollen.

Wenn mir einer sagt: *»Ich kann nicht mehr an Gott glauben. Seit Stalingrad und Hiroshima ist mir der Glaube an*

Gott zerbrochen ...«, »seitdem mir meine Frau weggelaufen ist ...«, »seitdem mein Sohn das Abi nicht geschafft hat ...«, dann antworte ich: *»Moment mal, dir ist ein bestimmtes Bild von Gott, ein Klischee, zerbrochen; aber den wirklichen Gott kennst du vielleicht noch gar nicht!«*

Wer ist Gott? Und wie ist er?

Der Gott der Bibel kann zornig sein, er kann eifersüchtig sein, und es kann ihn reuen. Der Gott der Bibel kann denken und reden, er kann handeln, er kann seinen Arm bewegen, und er ist eine Person. Jawohl, der Gott der Bibel ist eine Person, mit der man in eine Beziehung treten kann!
Welches Gottesbild haben wir? Unsere Gesellschaft, jeder Einzelne, auch jeder von uns, wir alle haben ein bestimmtes Bild von Gott. Von welchem Gott reden wir eigentlich? An welchen Gott glauben wir eigentlich? An einen griechischen Gott oder an den lebendigen Gott der Bibel? Die griechischen Philosophen sagten: Wenn Gott Freude, Schmerz, Zorn oder Kummer empfinden könnte, dann wären ja die Menschen in der Lage, ihn zu beeinflussen. Das hieße aber, sie wären größer als Gott. Und so etwas kann nicht sein. Darf ich Ihnen vor diesem Hintergrund die Grundzüge des biblischen Gottesbildes entfalten?

1. Der Gott der Bibel ist ein lebendiger Gott

Diesen Gott kann man hören. Diesen Gott kann man erleben; er ist erfahrbare Wirklichkeit. Viele von uns

haben ihn erlebt als den, der unser Leben verändert hat. Über diesen Gott kann man staunen.
Vielen von uns – auch mir – erging es so wie dem Hiob. Dieser Mann dachte auch, er würde Gott kennen. Aber eines Tages musste er ausrufen: *»Ich hatte von dir nur vom Hörensagen vernommen; aber nun hat mein Auge dich gesehen. Darum verwerfe ich mein Geschwätz und bereue in Staub und Asche«* (Hiob 42,5-6).

2. Der Gott der Bibel hat sich zu erkennen gegeben

Er hat sich offenbart. Er hat sich enthüllt, wie ein Denkmal enthüllt wird. Er hat sich gezeigt. Er ist nicht »der unbewegte Beweger«, der irgendwo über den Sternen thront.
Die Bibel zeigt fünf Stufen der Gotteserkenntnis:

- in der Schöpfung (Römer 1)
- im Gewissen (Römer 2)
- in Israel (Römer 9-11)
- im Wort Gottes
- im Sohn Gottes

Der Gott der Bibel hat sich in Jesus Christus zu erkennen gegeben. Pastor Wilhelm Busch konnte es so ausdrücken: *»Seit Jesus gekommen ist, ist Gottesleugnung entweder Unwissenheit oder böser Wille.«* Man sagt: Spätestens dann, wenn ein Flugzeug zu trudeln anfängt, fangen auch die Atheisten an zu beten. Keiner wird als Atheist geboren – man wird zur Gottesleugnung erzogen. Atheisten sind das Ergebnis von Ideologie, von falscher Ideologie. Der Atheist sagt: *»Es gibt keinen Gott. Basta!«* Die Bibel entgegnet: *»Wer so spricht, ist ein Tor!«* (vgl. Psalm 14,1). Gott zu leugnen, ist das Törichtste, was wir überhaupt tun können. Das Verneinen einer Tatsache wischt die Realität nicht vom Tisch.

3. Der Gott der Bibel begegnet uns menschlich

Die Bibel spricht von der Gestalt Gottes, vom Handeln Gottes und vom Fühlen Gottes. Wir können und dürfen also menschlich von Gott reden, weil uns Gott menschlich, das heißt, auf unserer Ebene begegnet. Wenn Gott zornig ist oder wenn er Reue zeigt, dann sind das nicht nur Bilder, die man abstreifen muss, sondern: So ist Gott wirklich!

Gott ist Vater. Gott kann aber auch trösten, wie einen seine Mutter tröstet. Die Bibel spricht also von der Mutterliebe eines Vatergottes. Gott ist Hirte. Gott ist Arzt. Gott ist ein Fels, eine Burg usw. So ist Gott! Und wie froh bin ich, dass er so ist. Wenn ich an Krankenbetten oder in trauernde Familien gerufen werde, wie bettelarm wäre ich dann mit dem Gott der griechischen Philosophie! Wenn Eheleute vor mir sitzen, die sich auseinandergelebt haben, könnte ich ihnen mit der hellenistischen Ethik nicht helfen. Und wenn junge Leute einen sauberen und ehrbaren Weg in Beruf und Ehe gehen wollen und die göttliche Hilfe in ihren Anfechtungen brauchen, was nützte ihnen der eiskalte, starre griechische Gott?

Ich bin so froh, dass uns die Schrift einen anderen Gott offenbart. Die ganze Bibel spricht von der Erniedrigung Gottes hin zu uns Menschen. Gott redet und hört. Gott fährt hernieder. Ihn zieht es unwiderstehlich zum Elend der Menschen hinunter. Gott hat eine ganz bestimmte Richtung, und zwar die »nach unten«. Gott erniedrigt sich um unsertwillen. Gott lässt sich herab.
Das ist das Wesen Gottes. Er hat ein Herz. Er liebt. Und weil er liebt, deshalb zürnt er auch. Der Zorn ist die Kehrseite der Liebe. Liebe will den Geliebten allein und ganz, sonst ist es keine Liebe. Gott ist es nicht gleichgültig, wenn die Menschen, die er liebt, sich an andere Götter und Götzen hängen.
Aber er zwingt nicht. Gott lädt ein, er wirbt, er bittet – aber er zwingt nicht. Mit Zwang arbeitet nur sein Gegenspieler, der Teufel. Der arbeitet immer mit Zwang, mit Bindung, mit Fessel und Eisen. Doch Gott ist Liebe. Und Liebe ist ohne jede Spur von Zwang. Liebe gibt frei zum Nein-Sagen. Darum ist die Geschichte Gottes mit dieser Welt keine Erfolgsstory. Gott geht bewusst das Risiko ein, dass Menschen seine Liebe ignorieren und verachten.
Sie können das tun, unter Umständen ein Leben lang. Aber Sie müssen wissen, dass Sie moralisch voll verantwortlich sind. Sie sind kein Hampelmann, bei dem man am Bändchen zieht, und dann wirft er Arme und Beine in die Luft. Nein, Gott nimmt Ihre Entscheidungen ernst. Wenn Sie hier ohne Gott leben wollen, dann werden Sie auch Ihre Ewigkeit in der Gottesferne zubringen müssen! Wer Gottes heiligen Ernst nicht erfasst, der wird auch Gottes rettende Gnade niemals erfassen.

Aber wenn Sie hier in diesem Leben Gottes unbeschreibliche Liebe zu Ihnen erkennen und glauben und Gott wirklich der Herr Ihres Lebens sein darf, dann werden Sie ihn persönlich kennenlernen. Es ist besser, vor Menschen das Gesicht zu verlieren, indem wir einmal ehrlich werden, als vor Gott das ewige Leben zu verlieren.

4. Der Gott der Bibel leidet

Gott ist Liebe. Und wer liebt, der ist verletzbar. Seine Liebe kann ignoriert oder abgewiesen werden. Wie sehr tut es uns weh, wenn wir wirklich lieben, und unsere Liebe wird nicht erwidert! Wie kann es Eltern in der Seele brennen, wenn sie jahrelang in ihre Kinder investiert haben und die Kinder verachten diese Liebe, weil ihnen die Eltern vielleicht irgendetwas verwehren, was sie nun gerade unbedingt haben wollen.
Meine Freunde, Gott liebt! Das heißt: Er ist verletzbar. Er empfindet Schmerz. Gott leidet. Die Bibel spricht von Gott

- als von einem Bauern, dem das Vieh wegläuft (Jesaja 1),
- oder als von einem Weinbergbesitzer, der von den Pächtern betrogen wird (Matthäus 21),
- oder sogar als vom Vater, dem der Sohn wegläuft (Lukas 15).

Der Gott der Bibel leidet. Gott ist Mensch geworden, um zu leiden wie ein Mensch. Das widerspricht natürlich den philosophischen Gottesvorstellungen, dass da irgendwo ein höheres Wesen ist, so ein Gedanke, eine Idee oder ein Prinzip, ein unbeteiligtes Es. Nach griechischer Vorstellung ist Gottes wesentliches Kennzeichen seine fehlende Empfindsamkeit, seine Apathie.

Ein leidender Gott

Wissen Sie, dass der wirkliche Gott ein leidender Gott ist? Wissen Sie, dass er Ihretwegen schon gelitten hat? Dass er vielleicht jetzt in dieser Stunde leidet, wegen Ihrer fehlenden oder nur oberflächlichen Beziehung zu ihm? Gott ist nicht apathisch wie Zeus, sondern sympathisch! Gott hält sich nicht aus dem Leiden heraus, sondern er leidet mit! Gott, der Vater, kann jeden Leidenden verstehen. Wenn Sie ein Kind verloren haben, dann sagt Gott: ICH AUCH!
Den gebildeten Griechen war diese Botschaft damals eine genauso unbegreifliche Torheit wie den meisten Menschen heute. Paulus schreibt den Korinthern: *»Denn das Wort vom Kreuz* (vom leidenden Gott) *ist denen Torheit, die verloren gehen; uns aber, die wir errettet werden, ist es Gottes Kraft«* (1. Korinther 1,18). Ein leidender Gott, ein Gottessohn in der Krippe und dann am Kreuz – das war und ist einfach für den natürlichen Verstand des Menschen unvorstellbar – und das wird immer so bleiben. Aber das Herz des Menschen kann diese Botschaft im Glauben fassen. Das Gewissen des Menschen kann durch dieses Evangelium Frieden finden.

Pascals Bekenntnis

Können Sie sich an das Mädchen vom Anfang erinnern? Wo wohnt Gott? In Ihrem Kopf oder in Ihrem Herzen? Der französische Mathematiker, Physiker, Philosoph und Erfinder Blaise Pascal (1623-1662) war überzeugter Christ. Nach seinem Tod fand man in seinem Mantel einen Pergamentstreifen eingenäht, der sein persönliches Glaubensbekenntnis enthielt. Darauf stand zu lesen: *»Gott Abrahams, Gott Isaaks, Gott Jakobs, Gott nicht der Philosophen und Gelehrten ... Gott Jesu Christi. Man findet und bewahrt ihn nur auf den Wegen, die im Evangelium gelehrt werden ...«*

5. Der Gott der Bibel rettet

»So sehr hat Gott die Welt geliebt, dass er seinen einzigen Sohn gab, damit alle, die an ihn glauben, nicht verloren werden, sondern das ewige Leben haben« (Johannes 3,16).

Das ist der Weg, der im Evangelium gelehrt wird! So schlicht und so einfach, dass es schon 8-, 10-, 12-jährige Kinder verstehen können: Gott macht sich so klein, dass er in meinem Herzen wohnen will. Also muss ich ihn aufnehmen. Er soll in meinem Herzen wohnen. Das bedeutet: Er soll in meinem Leben der Herr sein! Ich will meinen selbstherrlichen Lebensweg bereuen. Ich will meine Schuld vor ihm bekennen. Ich will glauben, dass sein teures Blut dort am Kreuz auch für mich geflossen ist. Ich will seiner Zusage vertrauen und heute mit ihm ein neues Leben anfangen.

Wenn ein Mensch irgendwo auf der Erde in dieser Haltung betetet, dann wird er garantiert von Gott angenommen. Die Bibel sagt: *»Wer den Namen des Herrn anrufen wird, wird errettet werden«* (Apostelgeschichte 2,21). Gott ist ein Gott, der rettet!
Sind Sie noch zu retten? Wenn Sie zugeben, dass Sie verloren sind, dann sind Sie schon halb gerettet. Alle, die an ihn glauben, werden nicht verloren gehen. Glauben Sie doch Gottes Wort!

6. Der Gott der Bibel richtet

Der Apostel Paulus mutete den epikureischen und stoischen Philosophen auf dem Areopag in Athen folgende unbequeme Wahrheit zu: *»Nachdem nun Gott die Zeiten der Unwissenheit übersehen hat, gebietet er jetzt den Menschen, dass sie alle überall Buße tun sollen, weil er einen Tag festgesetzt hat, an dem er den Erdkreis richten wird in Gerechtigkeit durch einen Mann, den er dazu bestimmt hat, und er hat allen dadurch den Beweis gegeben, dass er ihn auferweckt hat aus den Toten«* (Apostelgeschichte 17,30-31) – Jesus Christus!
Gott ist kein Hampelmann. Sie können nicht mit seiner Gnade spielen. Wenn Sie den Sohn Gottes als Retter ablehnen, dann wird er eines Tages Ihr Richter sein – ob Sie es wahrhaben wollen oder nicht.

Das Märchen vom lieben Gott

Es war einmal ein »lieber« Gott, der war so lieb, dass er seinen Untertanen alles gab, was sie sich wünschten.

Ihr Wunsch war sein Befehl. Dieser »liebe« Gott bestrafte auch seine Untertanen nie für ihre Bosheit, denn er hatte sie ja alle »so lieb«. Er ließ sich auch alle Schmähungen und allen Ungehorsam gefallen. Er war so lieb und so selbstlos, dass er sich nie wehrte oder seine Macht gebrauchte, um sich selbst zu beschützen. Da er sich selbst nicht zur Wehr setzte, wurde er schon vor vielen Jahren zu Tode getrampelt, lebt aber in den Erinnerungen seiner Untertanen bis heute weiter.

Haben Sie den wahren Gott gefunden?

Bitte glauben Sie keine Märchen. Geben Sie sich nicht mit einer oberflächlichen Religion zufrieden, mit ein bisschen sentimentalem Kitsch an Ostern und Weihnachten. Es geht doch um alles. Und denken Sie bitte an das Kind: *»Gott ist so klein, dass er in meinem Herzen Wohnung genommen hat. Aber er ist so groß, dass er in deinem Kopf keinen Platz hat!«*

Zeitkrankheit Angst?

»Hierin ist die Liebe bei uns vollendet worden, dass wir Freimütigkeit haben am Tag des Gerichts, denn wie er ist, sind auch wir in dieser Welt. Furcht ist nicht in der Liebe, sondern die vollkommene Liebe treibt die Furcht aus, denn die Furcht hat Pein. Wer sich aber fürchtet, ist nicht vollendet in der Liebe. Wir lieben, weil er uns zuerst geliebt hat.«

(1. Johannes 4,17-19)

Wir haben zwei Kinder. Sie sind von ihrem Wesen her sehr verschieden. Aber das erste abstrakte Wort, das bei beiden über die Lippen kam, war »Angst«.

Teenager sollten einmal ihre Namen buchstabieren. Sie sollten dabei nicht wie üblich Worte wie Ida, Nordpol usw. verwenden, sondern Begriffe, die für sie typisch wären. Wir ahnen bereits, welches Wort sie für den Buchstaben »A« am häufigsten gebrauchten: »Angst«.

Es gab eine Umfrage unter Studenten, was deren größtes Problem sei. Das Ergebnis verblüffte: Einsamkeit und »Angst«.

Ich halte relativ oft evangelistische Vorträge, und meistens wählen die Gemeinden als Veranstalter die Themen selbst aus. Es ist sehr auffällig, wie oft seit dem 11. September 2001 das Thema »Angst« gewählt wird.

Längst bevor ein Kind sprechen lernt, empfindet es Angst. Und auch das Letzte, was viele Menschen vor dem Sterben empfinden, ist Angst. Durch ein Menschenleben zieht sich unsichtbar der rote Faden der

Angst. Vielleicht ist das der Hauptgrund dafür, dass Psychopharmaka in großen Mengen über die Ladentische unserer Apotheken wandern.

1. Arten der Angst

Man kann die verschiedenen Ängste zunächst einmal in zwei Hauptgruppen einteilen: gegenständliche, objektive Ängste und nichtgegenständliche, subjektive Ängste.

A. Gegenständliche, objektive Ängste

Die Atomangst

Wir leben wahrlich im Atomzeitalter. Bei uns in Europa sind Hunderte von Atomreaktoren in Betrieb, und weitere befinden sich zurzeit im Bau. Deutschland ist von Atommeilern geradezu umzingelt. Und weil der aufgeklärte Bürger spätestens seit Tschernobyl die Schreckensbilanz kennt, steigt die Atomangst unaufhörlich. Denn seit dem 26. April 1986 steht die Frage im Raum: Wann kommt die nächste Reaktorexplosion? Könnte sie auch bei uns in der Bundesrepublik stattfinden? Und was ist mit Staaten wie Iran und Nordkorea? Wird es ihnen gelingen, die Atombombe zu bauen? Unsere Welt ist ein atomares Pulverfass geworden.

Die Aidsangst

Als diese geheimnisvolle Krankheit 1979 in den Großstädten der USA erstmals beobachtet wurde,

redete man zuerst nur von der »Schwulenpest« oder »Lustseuche«. Mehr als fünfundzwanzig Jahre danach spricht die UNO von 40 Millionen Infizierten. Jede Stunde infizieren sich 600 Menschen!
Die Seuche greift um sich und ist längst nicht mehr auf bestimmte Risikogruppen wie Homosexuelle oder Bluter beschränkt. Aids bedroht uns alle. Weil das so ist, steigt auch die Aidsangst. Aids droht zum Schrecknis zu werden. Noch nie scheint es eine so unheimliche, furchtbare, schnell um sich greifende Krankheit gegeben zu haben, vor der Menschen so viel Angst hatten, weil sie mit einem so schrecklichen Ende verbunden ist. Gegen sie gibt es bis heute kein wirkliches Heilmittel.

Die Krebsangst

Noch größere Ängste umgeben den herkömmlichen Bereich der Krebserkrankungen. Statistischen Angaben zufolge befinden sich ca. zwei Millionen Bundesbürger in der Behandlung oder der Nachbehandlung von Krebs. Pro Jahr kommen Hunderttausende von Neuerkrankungen hinzu. Jeder von uns könnte der Nächste sein.

Wir könnten diese Reihe beliebig lang fortsetzen: Angst vor Selbstmordattentaten, vor Bioterror, vor vergifteten Nahrungsmitteln, vor der Vogelgrippe und und und.

Die Schuldangst

Zu den mehr gegenständlich geprägten Ängsten gehört auch die Schuldangst. Die Bibel sagt im Römerbrief,

Kapitel 2, Vers 9: *»Trübsal und Angst über alle Seelen der Menschen, die da Böses tun ...!«* Schuld gegenüber Gott in Form von Übertretung seiner guten und lebensbejahenden Gebote löst in jedem Fall Angst aus, denn unser Gewissen reagiert. Und wir haben alle schon von verbotenen Früchten gegessen!

Lassen Sie mich dafür ein Beispiel nennen. Ein Bankangestellter kommt zu einem Seelsorger und bringt jedes Mal eine ungeheure Unruhe mit. Nach einiger Zeit sagt der Seelsorger – geleitet durch den Heiligen Geist – dem Mann ins Gesicht: *»Geben Sie's zu; Sie haben in die Kasse gegriffen!«* Da bricht der Bankangestellte zusammen und gesteht. Obwohl der Diebstahl Jahre zurücklag und er inzwischen alles wieder zurückgezahlt hatte, lebte er doch in der ständigen Angst, man könnte die Unterschlagung in den Büchern entdecken. Schuldangst!

Das Gleiche gilt, wenn Kinder ihre Eltern belogen haben, für die heimliche, voreheliche Beziehung, für den heimlichen Seitensprung, für die heimliche Abtreibung, für das gestohlene Material aus der Firma, für die Steuerhinterziehung im Geschäft oder privat, usw. Wenn das rauskommt!

Vor einigen Jahren erlaubten sich einige Jugendliche in Frankreich einen bösen Scherz. Sie schrieben an vier bekannte Persönlichkeiten des öffentlichen Lebens ihrer Stadt einen Brief, in dem nur ein Satz stand: *»Es ist alles herausgekommen!«* Drei von den vieren nahmen sich das Leben – einer verschwand auf Nimmerwiedersehen. Wenn das rauskommt!

Angst und Okkultismus

Auf einem Gebiet können Übertretungen der Gebote Gottes besonders schwere Ängste auslösen; ich meine die Wahrsagerei. Viele Menschen gehen mit ihren Ängsten zu den so genannten Lebensberatern und kommen mit noch größeren Ängsten wieder zurück. Vor allem bei seelisch instabilen Menschen kann eine Vorhersage mit negativem Inhalt Angst oder gar eine Psychose auslösen.
Ich weiß von einer Frau, die in jungen Jahren zur Wahrsagerin gegangen war. Sie hatte damals gehört, dass sie einmal eines unnatürlichen Todes sterben würde. Lange Zeit übte diese negative Vorhersage scheinbar keinen Einfluss auf ihr Leben aus. Aber nach dem Tod ihres Mannes wurde sie von großer innerer Unruhe und von schweren Depressionen geplagt. Am Ende fand man sie erhängt in ihrem Haus. Wir sehen, dass mit solchen Dingen wirklich nicht zu spaßen ist.

Verschiedene Ängste

Es gibt sehr viele Ängste. Angst vor der Einsamkeit, Angst vor dem Alter, Angst, nicht mehr geliebt zu werden, usw. Viele Zeitgenossen leiden auch an Angst vor Menschen. Kinder haben oft Angst vorm Doktor, Erwachsene haben manchmal Angst vor bestimmten Uniformen. Schwiegertöchter haben oft Angst vor Schwiegermüttern. Geschäftsleute haben Angst vor der Konkurrenz. Und manche Leute haben sogar Angst vor solchen Büchern wie diesem, sodass sie nicht mal mit zehn Pferden zum Lesen zu bewegen sind …

Eine besondere Art der Menschenfurcht tritt auch immer dann auf, wenn es darum geht, eine ganze Hinwendung zu Jesus Christus zu vollziehen und diesen Schritt auch vor Menschen zu bekennen.

B. Nichtgegenständliche, subjektive Ängste

Bevor wir zum zweiten Punkt kommen, möchte ich noch drei Ängste nennen, die keinen gegenständlichen Charakter haben. Manche Psychologen sagen, dass diese Ängste auf die Urangst des Menschen zurückgehen. Ich weiß nicht, ob sie damit recht haben.

Lebensangst und Zukunftsangst

Menschen bekommen plötzlich Angst vor dem Leben. Sie wollen morgens nicht mehr aufstehen, haben Angst vor jeder Entscheidung und wünschen sich am liebsten den Tod. Ihr seelisches Immunsystem ist zusammengebrochen; eine Art Aids von innen! Es gilt die Regel: Wenn die Lebensangst größer wird als die Todesangst, wird man zum potenziellen Selbstmörder.
Damit einher schreitet in den meisten Fällen auch die Zukunftsangst. *»Was kommt auf mich zu? Muss ich schwere Krankheiten und Operationen überstehen? Müssen meine Kinder wieder in den Krieg? Werde ich meinen Lebenspartner früh verlieren? Kann ich meinen Arbeitsplatz behalten? Gelingt es, die Umweltverschmutzung und das Ozonloch in den Griff zu bekommen? Kann ich ...? Werde ich ...? Muss ich ...?«*
Die Zukunftsangst wächst, und sie wird sich noch weiter

steigern. Denn Jesus Christus sagte in seiner Zukunftsrede voraus: *»Die Menschen werden verschmachten vor Furcht und vor Warten auf die Dinge, die kommen sollen über die ganze Erde«* (Lukas 21,26).
Man kann es auf eine einfache Formel bringen: Je mehr die Gottesfurcht sinkt, desto mehr steigt die Lebens- und Zukunftsangst. Der eiserne Kanzler Bismarck hat vor hundert Jahren einmal gesagt: *»Das deutsche Volk fürchtet nichts außer seinen Gott.«* Heute müssen wir sagen: Das deutsche Volk fürchtet alles – außer seinen Gott.

Die Todesangst

Und da ist schließlich bei unzähligen Menschen die Angst vor dem Tod. Obwohl berühmte Sterbeforscher wie Dr. Elisabeth Kübler-Ross mit so genannten Nahtod-Erlebnissen ihrer Patienten fieberhaft versuchen, unsere Zeitgenossen zu beruhigen, weicht die Todesangst nicht. Der Mensch unserer Tage hat nach wie vor eine unbewusste Angst vor dem Tod und vor Gottes Gericht. Wir wissen, dass wir sterben müssen – nur glauben wir nicht, dass es uns plötzlich treffen könnte, denn wir sind Meister im Verdrängen.

Ich möchte diesen ersten Punkt zusammenfassen. Durch die Menschheitsgeschichte zieht sich unsichtbar der rote Faden der Angst. Seit unsere Ureltern im Paradies die gute Vaterhand Gottes losließen, regiert die Angst in dieser Welt. Als Gott der Herr damals durch den Garten rief: *»Adam, wo bist du?«*, da antwortete dieser: *»Ich hörte dich im Garten und fürchtete mich.«* Genau an dieser Stelle stand die Wiege der Angst und damit die Wurzel aller menschlichen Ängste. Die Sünde als Trennung von Gott konnte nicht ohne Folgen bleiben. Der Mensch leidet bis heute daran. Er hat den Vater verloren – und damit die Geborgenheit in der göttlichen Liebe. Darum ist er von allen möglichen Ängsten geplagt. Hier haben wir die Hauptursache: Ungeborgenheit. Jean-Paul Sartre, der französische Existenzialist, schrie es mit ehrlichen Worten hinaus: *»Wir haben keinen, bei dem wir uns aufgehoben wissen!«*

2. Auswirkungen der Angst

So vielschichtig die verschiedenen Arten der Angst sind, so sind es auch ihre Auswirkungen. Sie werden von Mensch zu Mensch anders erlebt. Die häufigsten Auswirkungen und Begleiterscheinungen der Angst sind aber sicherlich: Depressionen, vegetative und organische Störungen, Schlafstörungen, Nervosität bis hin zu akuten Herzproblemen. Wer dauernd in Angst lebt, muss eines Tages krank werden!

Ein bekannter Mediziner hat die Auswirkungen der Angst aus seiner ärztlichen Sicht folgendermaßen beschrieben: *»Jede Angst endet auf dem Weg über unsere Nervenbahnen in einem winzigen Organ, der Nebenniere, deren Drüsen im gleichen Augenblick den Stoff ›Adrenalin‹ ins Blut ausschütten. Dieses Adrenalin nun bewirkt allerlei: Das Herz schlägt schneller, Schweiß bricht aus, die Blutgefäße verengen sich und manches andere mehr. Auf die Dauer kommt es dadurch zu organischen und psychischen Schäden.«*

Angst ist eine Verderbensmacht. Wo sie eindringt, wird alles zerstört. Angst greift die Organe an, beeinträchtigt den Geist, setzt die Seele in den Kerker und lässt unsere Persönlichkeit zerfallen. Der Filmemacher R. W. Fassbinder nannte einen seiner Streifen im gebrochenen Ausländer-Deutsch *»Angst essen Seele auf«*. Auch ich selbst schreibe nicht vom grünen Tisch. Meine Frau und ich haben vor etwa zwanzig Jahren sehr direkt erfahren, welche ungeheuren Negativwirkungen in der Angst begründet liegen. Über den Zeitraum von ca. sechs Monaten erhielten wir abends und nachts anonyme Anrufe mit teilweise sehr bedrohlichem Inhalt. Meine Frau erwartete zu jener Zeit ein Baby. Wir konnten uns in der Dunkelheit lange Zeit nicht ohne Angst in unserer Wohnung bewegen und erschraken mehrmals bis ins Innerste, wenn zu später Stunde das Telefon klingelte. Wir wissen aus eigener Erfahrung: Angst, welcher Art auch immer, ist etwas Furchtbares. Darum möchten wir so gerne, dass angsterfüllte Seelen Hilfe bekommen.

3. Die Überwindung der Angst

Jeder Mensch hat Ängste. Ich weiß nicht, was es bei Ihnen ist. Sie haben vielleicht eine ängstliche Natur geerbt. Diese Möglichkeit ist durch wissenschaftliche Zwillingsforschung belegt. Sie haben vielleicht eine sehr ängstliche Art anerzogen bekommen. Oder Sie sind durch schwere Erlebnisse wie Krankheit oder Verlust gegangen. Was es auch immer war – nun ist Angst in Ihrem Leben. Und Sie fragen sich: Wie müsste denn der sein, bei dem ich wirklich aufgehoben sein könnte?

Es müsste ein Liebender sein, dessen Liebe unendlich ist. Jemand, der mich trotz meines großen Versagens liebt. Es müsste ein Liebender sein, der liebt, weil er Liebe ist. Es müsste aber auch ein Mächtiger sein, ein Starker, dessen Macht unendlich ist, größer und stärker als die grausame Macht des Todes. Und es müsste einer sein, der immer und überall da ist, dessen Nähe auch in einem Operationssaal oder am Grab eines geliebten Angehörigen real erfahrbar sein könnte. Dann könnte ich glauben und vertrauen!

Ich darf Ihnen sagen: Es gibt diesen Einen – und er heißt Jesus Christus. Er ist ein unendlich Liebender. Er liebte uns bis zum Tod am Kreuz, wo er stellvertretend für unsere Schuld starb. Er hatte keine Sünde, und er ist ein Mächtiger. Das Zeichen seiner Macht ist seine Auferstehung von den Toten. Er ist der Herr! Alle Knie werden sich einmal vor ihm beugen! Und durch seinen Geist ist er immer und überall da. Er bewohnt jedes Herz, das sich für ihn öffnet. Jedes Herz, das sich abwendet von einem Leben in Autonomie und Egoismus und sich hinwendet zu ihm, zu dem einzig Einen, der unser Leben neu und erfüllt machen kann.

Vertrauen Sie doch darauf, dass dieser Herr Sie wirklich liebt. Nochmals der eingangs zitierte Abschnitt der Bibel: *»Die Liebe vertreibt die Angst.«* Hier liegt der Schlüssel: *»Wenn die göttliche Liebe ihr Ziel bei uns erreicht hat, dann werden wir zuversichtlich sein am Tag des Gerichts; Angst ist nicht in der Liebe. Wahre Liebe vertreibt die Angst; denn die Angst zittert vor der Strafe. Wer sich aber ängstet, der ruht noch nicht*

völlig in der Liebe. Lasst uns lieben, denn er hat uns zuerst geliebt« (1. Johannes 4,17-19).
Wenn Angst in Ihr Leben gekommen ist, dann gibt es nur einen Weg zur Überwindung: die Liebe Gottes in Jesus Christus erkennen, die er zu Ihnen hat. Dann werden Sie geborgen sein in der Liebe des Vaters!
Ich möchte ein Beispiel erzählen: Da ist eine schüchterne Frau. Wenn eine Maus im Zimmer ist, steigt sie auf den höchsten Stuhl. Aber eines Tages kommt sie vom Einkaufen nach Hause, und sie sieht schon von weitem: Das Haus brennt! Und ihre kleine Tochter ist noch drin! Kein Feuerwehrmann kann sie aufhalten. Sie nimmt ein Tuch vor den Mund, rennt rein und kommt nach kurzer Zeit mit dem Mädchen auf dem Arm aus dem vom Einsturz bedrohten Haus gelaufen. Merken wir: Die Liebe war stärker als die Angst. Die Liebe hatte die Angst völlig vertrieben.
Erkennen Sie doch die Liebe, die Gott zu Ihnen hat. Jesus Christus ist um Ihretwillen in das lodernde Feuer des Zornes und Gerichtes Gottes gelaufen. Er hat Sie zuerst geliebt. Und allein in dieser Liebe finden Sie Geborgenheit und Überwindung der Angst. Johannes schreibt: *»Wir haben die Liebe Gottes erkannt und geglaubt.«*
Wo die Liebe Gottes erkannt und geglaubt wird, da entsteht eine »angstfreie Zone«, da geschieht Überwindung der Angst.
Ich denke an jenen jungen Moslem in Berlin. Er besuchte eine christliche Veranstaltung. Dort hörte er Lieder und das Evangelium: Gott liebt nicht nur die Guten, sondern auch die Bösen. Am Ende der Veran-

staltung bekam er ein Neues Testament. Zu Hause las Achmed die ersten acht Kapitel des Johannesevangeliums. Überwältigt von der Liebe Gottes kniete er nieder und betete: *»Allah, verzeih mir, dass ich Mohammed von jetzt an nur noch verehren kann, aber Christus wiederlieben muss!«* Der junge Mann hatte die Liebe Gottes in Jesus Christus erkannt.
Wie ist das bei Ihnen? Ohne Christus sind Sie mit oder ohne Angst auf dem Weg des Verderbens. Erinnern Sie sich daran, dass wir vorhin vom Sündenfall sprachen? Der von Gott getrennte Mensch versteckte sich in seiner Angst vor dem heiligen Schöpfer. Hier erkannten wir die Wurzel aller Angst. Der Mensch ist geistlich tot in seinen Sünden und Übertretungen. Sünde bedeutet Trennung. Wissen Sie, Gott hat Sie geschaffen, damit Sie in harmonischer Gemeinschaft mit ihm leben sollten. Aber nun sind Sie durch die Sünde Ihres Unglaubens von Gott getrennt. Ihnen fehlt die Geborgenheit in Gott, Ihrem Schöpfer. Sie kennen Gott nicht als Freund und liebenden Vater, sondern müssen ihn zu Recht als Feind und strengen Richter fürchten. Darin liegt letztlich der Ursprung all Ihrer Angst. Sie sind ungeborgen. Sie haben den Vater verloren. Ihre Angst hat mit Ihrer nicht vergebenen Schuld zu tun. Sie haben im tiefsten Innern Angst vor Gottes Gericht. Und diese kann kein Psychotherapeut wegtherapieren. Vielleicht haben Sie nicht in die Kasse gegriffen wie jener Bankangestellte. Aber Sie haben Gott nicht geehrt, Sie haben Gott nicht über alle Dinge geliebt. Sie haben seinen heiligen Namen missbraucht, sich keine Zeit für ihn genommen, Sie haben Ihren Eltern

nicht gehorcht, Sie haben gehasst, Sie waren unrein in Gedanken und Taten, Sie haben gelogen und andere Schuld auf sich geladen. Ist es nicht so? Sie sind ein Sünder vor Gott – und er wird Sie zur Rechenschaft ziehen! Gott ist heilig. Er muss Sünder richten!
Aber hören Sie: Gott ist auch Liebe. Gott will nicht den Tod des Sünders, sondern dass er umkehre und lebe. Darum kam Jesus Christus in die Welt. Er vertraute und gehorchte dem Vater vollkommen. Darum kannte er keine selbst verschuldete Angst. Doch als seine Passion begann, ging er nach Gethsemane und fing dort an zu zittern und zu zagen. Weil er wusste, dass ihn sein Weg an das schreckliche Kreuz führen würde. Und als er dort zwischen Himmel und Erde hing, da rief er in seiner Angst: *»Mein Gott, mein Gott, warum hast du mich verlassen?«* Wissen Sie warum? Damit Sie nicht mehr von Gott verlassen und getrennt sein brauchen! Der Herr Jesus hat alles für Sie getan. Er hat den Weg gebahnt und den Preis bezahlt. Der Himmel steht offen. Nun wartet er auf Ihre Antwort.

Eine seltsame Geschichte

1973 wurde ein japanischer Sergeant von zwei Fischern aufgegriffen, nachdem er sich 28 Jahre lang auf einer Insel versteckt gehalten hatte. 28 Jahre lang hatte er im Kriegszustand gelebt, obwohl zwischen Japan und den USA schon längst wieder Frieden herrschte. 28 Jahre lang Leben in Angst!
Ich fürchte: So geht es leider auch vielen Menschen in ihrer Beziehung zu Gott. Sie leben in Angst, ob-

wohl Gott schon längst durch das Kreuz Christi Friede gemacht hat (Epheser 2,13-17). Darum: Bleiben Sie nicht im Kriegszustand! Wenn Sie in der Haltung der Buße zu ihm kommen, dann wird er Sie annehmen. Gott wird Ihr Freund und Vater werden. Er wird Sie von der Gewalt Satans und der Sünde befreien und als sein geliebtes Kind annehmen. Wollen Sie nicht zu Gott umkehren und Christus annehmen?
Niemand kann Ihnen garantieren, dass Sie dann bis an Ihr Lebensende nie mehr Angst haben werden. Wir hatten ja auch Angst, als die anonymen Anrufe kamen. Aber das eine ist sicher: Die Grundangst Ihres Lebens, die Angst vor einem strafenden Gott, vor einem knechtenden Teufel und vor einem ewigen Verlorensein wird Ihr Leben nicht mehr quälen. Auch die Ängste vor dem Tod und vor Gottes Gericht werden Ihnen genommen werden. Der Friede Gottes und Freude an Christus werden in Ihr Leben kommen. Ein neuer Lebensinhalt und ein neues Lebensziel werden Ihr Leben prägen. Sie dürfen in der Geborgenheit des Glaubens durch Ihr Leben gehen. Vielleicht werden Sie von manchen verspottet. Vielleicht müssen Sie sogar mit Christus leiden. Aber er geht mit. Er ist ein unendlich Liebender. Er ist ein Mächtiger und einer, der immer und überall da ist. Er möchte der HERR Ihres Lebens werden.

Wer war Jesus Christus wirklich?

»Als aber Jesus in die Gegenden von Cäsarea Philippi gekommen war, fragte er seine Jünger und sprach: Was sagen die Menschen, wer der Sohn des Menschen ist? Sie aber sagten: Einige: Johannes der Täufer; andere aber: Elia; und andere wieder: Jeremia oder einer der Propheten. Er spricht zu ihnen: Ihr aber, was sagt ihr, wer ich bin? Simon Petrus aber antwortete und sprach: Du bist der Christus, der Sohn des lebendigen Gottes.«

(Matthäus 16,13-16)

1. Wer war Jesus Christus?

Das Matthäusevangelium berichtet, wie Jesus seine Jünger einmal ein Stück zur Seite nahm und dann eine Art Meinungsumfrage unter ihnen durchführte: *»Was sagen die Leute, wer ich bin? Für wen halten sie mich?«* Dann kamen die Antworten: Johannes der Täufer, Elia, Jeremia oder einer der Propheten.

Die Liste der Meinungen über Jesus von Nazareth wurde im Laufe der Jahrhunderte immer länger. Für viele heute lebende Menschen war er nur ein Religionsstifter wie Buddha, Konfuzius oder Mohammed. Für manche war er der erste Hippie, der mit langen Haaren und wallendem Bart durch die Gegend gelaufen ist. Nicht wenige sehen in ihm den Sozialrevolutionär, der eine bessere Gesellschaft schaffen wollte und dann aber an irgendwelchen Strukturen gescheitert ist. Ein

Idealist, der bereit war, für seine Idee den Märtyrertod zu sterben. Manche halten ihn für einen Menschen mit besonderen Fähigkeiten, vielleicht für einen Wundertäter mit einem Herz für die Schwachen. Und wieder andere meinen, er sei ein Genie der Menschlichkeit gewesen, vielleicht der beste Mensch, der je gelebt hat. Alle streiten um die Identität Jesu. Die Theologen zerbrechen sich den Kopf, die Philosophen grübeln, und sogar die Naturwissenschaftler fragen: Wer war dieser Jesus von Nazareth?
Nachdem die Jünger damals die Umfrageergebnisse mitgeteilt hatten, fragte Jesus: *»Ihr aber, was sagt denn ihr, wer ich bin?«* Mit anderen Worten: Es ist gar nicht so wichtig, was in diesem oder jenem Buch über Jesus steht, was Rudolf Augstein von Jesus hielt oder was die Bild-Zeitung behauptet. Wir selbst müssen eine Antwort auf die Frage finden: Wer ist dieser Jesus Christus? Und diese Antwort finden wir allein in Gottes Wort.

Die Bibel sagt, dass *Jesus Christus bereits vor seiner Geburt lebte!*
Das Leben Jesu begann weder in Nazareth noch in Bethlehem, sondern Jesus war von Ewigkeit her bei Gott. Von dort kam er aus Liebe zu uns Menschen auf die Erde. Christus lebte schon vor seiner Geburt. Er selbst sagte einmal im Gespräch mit jüdischen Theologen: *»Ehe Abraham war, bin ich«* (Johannes 8,58). Das kann kein anderer ernsthaft von sich behaupten.

Die Bibel sagt, dass *Jesus Christus durch Propheten angekündigt wurde!*

Das ist ebenfalls einzigartig in der Geschichte. Hinter Jesus stehen viele nachweisbare, erfüllte Prophezeiungen, während keiner der Religionsstifter auch nur eine einzige aufzuweisen hat. Der Prophet Micha nannte um 500 vor Christus dessen Geburtsort Bethlehem. Der Prophet Jesaja weissagte ca. 700 vor Christus, dass Jesus vornehmlich in Galiläa öffentlich wirken und viele Kranke, Blinde und Aussätzige heilen würde. Sacharja prophezeite, dass Jesus für 30 Silberstücke verraten werden würde. In den Psalmen steht, dass der Verrat durch einen Vertrauten geschehen würde. Jesaja wiederum beschreibt bis ins Detail die Art und Weise seines Leidens und Sterbens, inklusive der Bitte für seine Mörder. Und auch Jesu Auferstehung wurde bereits Jahrhunderte zuvor im Alten Testament prophezeit und hat sich im Detail erfüllt.

»Er sprach aber zu ihnen: Dies sind meine Worte, die ich zu euch redete, als ich noch bei euch war, dass alles erfüllt werden muss, was über mich geschrieben steht in dem Gesetz des Mose und den Propheten und Psalmen« (Lukas 24,44).

In den heiligen Büchern der anderen Religionen wurde über keinen der Religionsstifter jemals zuvor eine prophetische Aussage gemacht – geschweige denn eine, die sich auch noch erfüllt hätte!

Dem amerikanischen Theologen D.M. Panton werden folgende großartigen Sätze zugeschrieben: *»Nur von einem Menschen in der gesamten Weltgeschichte gibt es ausdrückliche, genau vorhergesagte Einzelheiten* *über seine Geburt, sein Leben, seinen Tod und seine Auferstehung. Diese Ausführungen sind in Dokumenten aufgezeichnet, die der Öffentlichkeit Jahrhunderte vor seinem Erscheinen zugänglich waren ... Das Herausfordernde an dieser Tatsache ist, dass es in der gesamten Weltgeschichte nur mit einem einzigen Menschen so geschah.«*

Die Bibel sagt, dass *Jesus Christus sündlos geboren wurde!*
Vielleicht überrascht dieser Satz. Doch die Heilige Schrift bezeugt eindeutig, dass der Erlöser der Welt von einer Jungfrau geboren wurde. Maria war unberührt. Jesus wurde nicht von Josef, sondern durch den Heiligen Geist gezeugt. Darum kam er ohne die negative Hypothek vererbter Sünde zur Welt. Der Mediziner Lukas schreibt in seinem Evangelium: *»Und der Engel antwortete und sprach zu ihr (Maria): Der Heilige Geist wird über dich kommen, und die Kraft des Höchsten wird dich überschatten; darum wird auch das Heilige, das geboren werden wird, Gottes Sohn genannt werden«* (Lukas 1,35). Warum ist diese Aussage so wichtig? Weil nur ein Schuldloser stellvertretend für die Schuldigen sterben konnte. Wenn Josef der biologische Vater Jesu gewesen wäre, dann wäre kein Mensch durch den Tod Christi erlöst worden.

Die Bibel sagt, dass *Jesus Christus ohne Sünde lebte!*
Wer von den Religionsstiftern und Sektengründern könnte das von sich behaupten? Konfuzius, Buddha und Mohammed waren sündige Menschen wie wir.

Sie kannten Fehler und Versagen. Allein Christus blieb ohne Sünde. Keiner konnte ihm auch nur eine einzige Übertretung der guten Gebote Gottes nachweisen, obwohl es eine ganze Menge Leute ständig versuchten. Jesus kannte keine Sünde. Aber wo immer er Böses oder Ungerechtigkeit fand, da deckte er diese Dinge schonungslos auf und verurteilte sie ohne Furcht. Das war mehr als Zivilcourage. Jesus von Nazareth war ganz anders als wir. Er kam nicht von dieser Welt. Egoismus, Machtdenken, Rechthaberei und Ehrsucht waren ihm völlig fremd. Sein Leben war eine ununterbrochene Saat der Liebe.

Auf der einen Seite war Jesus ganz Mensch. Er hatte Hunger, so wie wir Hunger haben. Er spürte Einsamkeit, so wie wir Einsamkeit spüren. Die Bibel sagt, dass er in Schwierigkeiten kam wie wir – doch ohne Sünde! Das ist seine andere, die göttliche Seite. Jesus ist nicht Gott oder Mensch, sondern Gott und Mensch zugleich. Er ist der Gott-Mensch, wahrer Gott und wahrer Mensch zugleich. Das ist das Geheimnis seiner Person. Der Apostel Paulus schreibt: *»Gott ist offenbart worden im Fleisch«* (1. Timotheus 3,16).

Niemand von uns kann jetzt noch sagen: *»Gott versteht mich nicht!«* Denn der große lebendige Gott wurde in Jesus Christus Mensch. In ihm ist er uns ganz nahegekommen. Er ist quasi in unsere Haut gekommen und in unsere Schuhe gestiegen. Das Neue Testament drückt es so aus: *»Denn wir haben nicht einen Hohenpriester, der nicht Mitleid haben könnte mit unseren Schwachheiten, sondern der in allen Dingen versucht worden ist wie wir, doch ohne Sünde«* (Hebräer 4,15). Wer also ist Jesus Christus? Er ist der Mensch gewordene Gott, der uns liebt und der uns wirklich versteht.

2. Was tat Jesus Christus?

Es ist eigenartig, aber jemand schrieb einmal über ihn, dass sein Leben voller Kontraste war. Er studierte nie Geschichte, aber seit seiner Geburt teilt man die Geschichte in »vor Christus« und »nach Christus«. Er studierte nie Medizin, aber er heilte mehr kranke Leiber und gebrochene Herzen als alle Ärzte. Er studierte nie Jura, aber nie war einer gerechter als er. Er schrieb nie ein Buch, aber über niemanden wurden so viele Bücher geschrieben wie über ihn. Er komponierte – soweit wir wissen – nie ein Lied, aber über niemanden wurden so viele Lieder komponiert wie über ihn. Er gründete nie eine eigene Familie, aber niemand machte so viele Familien glücklich wie er. Er befehligte nie eine Armee, aber niemand hatte und hat weltweit so viele Freiwillige wie er. Er war das Brot des Lebens, aber er begann seinen Dienst nach 40-tägigem Fasten hungrig in der Wüste. Er war das Wasser des Lebens, aber er beendete seinen Dienst durstig am Kreuz. Er wurde »ein Dämon« genannt, aber er trieb die Dämonen aus. Er weinte über Jerusalem, aber er trocknete ungezählte Tränen. Er wurde für 30 Silberstücke verkauft, aber er erlöste die Sünder. Er wurde wie ein Lamm zur Schlachtbank geführt, aber er ist der gute Hirte. Er gab sein Leben, aber durch sein Sterben besiegte er den Tod.

Wissen Sie, dass *nur Jesus Christus sündlos starb?* Er blieb sein Leben lang bis zu seinem letzten Atemzug am Kreuz Gott gehorsam. Nachdem er das alttestamentliche Gesetz vollkommen erfüllt hatte, starb er ohne eigene Schuld für Ihre und meine Sünden. Jede Lüge, jeden Diebstahl, jede Unversöhnlichkeit, jede Heuchelei und jede andere Übertretung lud Christus stellvertretend auf sich. Er starb mit dem Ausspruch: *»Es ist vollbracht!«*
Das Ringen der Religionsstifter und Sektenführer hingegen blieb erfolglos. Die letzten Worte Buddhas beispielsweise sollen gelautet haben: *»Ich habe es nicht geschafft!«* Wie sollte er es auch geschafft haben! Er war ein Mensch wie Sie und ich.

Was tat Jesus Christus? Wissen Sie, dass *nur Jesus Christus wirklich vom Tod auferstand?*
Buddha ist seit ca. 480 vor Christus tot. Konfuzius starb wenig später, und Mohammed wurde 632 nach Christus zu Grabe getragen. Aber Jesus lebt! Er ist wahrhaftig auferstanden. Nicht im Glauben, wie manche behaupten, sondern geradezu gegen den Glauben seiner resignierten Jünger! Nicht ins »alte Leben« zurück wie Lazarus und andere, die er selbst auferweckt hatte, sondern nach vorn zum ewigen Leben hin. Nicht mit dem alten Leib, sondern verwandelt in eine neue Existenzwirklichkeit, in einen neuen Körper, der nicht mehr an Raum und Zeit gebunden war und ist.
Lukas schreibt in der Apostelgeschichte: *»Diesen* (den Apostelin) *hat er sich auch nach seinem Leiden als der Lebendige gezeigt, indem er sich vierzig Tage unter*

ihnen sehen ließ und über die Dinge redete, die das Reich Gottes betreffen« (Apostelgeschichte 1,3). Professor Simon Greenleaf von der Harvard University untersuchte als neutraler Wissenschaftler jahrelang das Phänomen der Auferstehung. Er kam schließlich zu dem Ergebnis, dass die Auferstehung Jesu – rein nach den Kriterien der Geschichtswissenschaft beurteilt – besser belegt sei als beispielsweise die Schlacht von Waterloo.[4] Kein Zweifel: Kreuz und Grab waren leer. Der Gekreuzigte ist auferstanden. Jesus Christus lebt!

3. Was werden Sie mit Jesus Christus tun?

Wissen Sie, dass Sie eines Tages vor IHM stehen werden? Jesus Christus wird sichtbar wiederkommen. Das hat er selbst versprochen, und das steht mehr als 300 Mal im Neuen Testament. Die Anführer der Religionen sind tot. Sie können beim besten Willen nicht mehr erscheinen. Doch Christus sitzt an der rechten Seite Gottes und bereitet seine sichtbare Wiederkunft vor. So gewiss, wie er damals in Armut und Niedrigkeit kam, um die Schuldfrage einer verlorenen Menschheit zu lösen, so gewiss wird er in großer Herrlichkeit wiederkommen, um die Machtfrage auf dieser Erde zu lösen. Die Bibel sagt, dass einmal alle Menschen ihre Knie vor Christus beugen werden (Philipper 2,5-11). Wer ihn abgelehnt hat, wird vor dem heiligen Gott ewig verloren sein.

---

[4] Josh McDowell, *Die Tatsache der Auferstehung*, CLV 1993, S. 19.

Darum können Sie den Inhalt dieses Kapitels nicht einfach zur Kenntnis nehmen, ohne eine grundsätzliche Entscheidung zu treffen. Es sei denn, Sie haben es bereits getan. Schauen Sie, sogar Napoleon, der französische Kaiser, beschäftigte sich in der Zeit seiner Verbannung mit der Person Jesu Christi. Er schrieb 1821 auf der Insel St. Helena:

»Ich kenne die Menschen, und ich sage Ihnen, dass Jesus kein Mensch ist. Seine Religion ist ein Geheimnis, das für sich allein dasteht und das von einer Einsicht herrührt, die keine menschliche Einsicht ist ... Alexander der Große, Caesar, Karl der Große und ich, wir haben große Reiche gegründet. Aber worauf haben wir die Schöpfungen unseres Genies gestützt? Auf die Gewalt! Jesus allein hat sein Reich auf die Liebe gegründet, und heute noch würden Millionen Menschen für ihn sterben ... Ich, Napoleon, sterbe vor der Zeit, und mein Leib wird der Erde wiedergegeben, damit ihn die Würmer fressen. Das ist das Ende des großen Napoleon. Welch mächtiger Abstand zwischen meinem tiefen Elend und dem ewigen Reich Christi, das gepredigt, geliebt, gepriesen und über die ganze Erde ausgebreitet wird.«[5]

Wenn Jesus Christus Gott ist und wenn er heute lebt, dann gibt es nichts Wichtigeres, als ihn persönlich kennenzulernen.

---

[5] vgl. z.B. www.mc-rall.de/napoleon.htm.

Für Christus oder gegen ihn?

Es gibt einen langen Zug, der vielleicht unter der Führung des Pontius Pilatus zur Hölle marschiert. Das sind diejenigen, die nie etwas gehört, nie etwas gesehen und vor allen Dingen nie eine Entscheidung getroffen haben. Aber Sie müssen sich in Ihrem Leben einmal entscheiden. Wenn Sie sich nicht für Jesus Christus entscheiden, dann entscheiden Sie sich automatisch gegen ihn. Er selbst hat gesagt: *»Wer nicht für mich ist, der ist gegen mich.«* Bei Christus gibt es keine Neutralität!

Wenn Sie erkannt haben, dass Jesus Christus der einzige Weg zu Gott ist, dann kommen Sie doch zu ihm. Sie brauchen ihn im Leben – und erst recht im Sterben. Er allein kann Ihre Schuld vergeben. Er allein kann Ihrem Leben Sinn und Ziel schenken. Er allein kann Sie von Gottes gerechtem Zorn erretten.

Darum kehren Sie um von Ihrem bisherigen Lebensweg. Beugen Sie sich im Gebet vor dem Höchsten. Bekennen Sie ihm alle Sünden, die Ihnen bewusst sind, und glauben Sie an die reinigende Kraft des Blutes Jesu. Vertrauen Sie Jesus Christus Ihr ganzes Leben im Gebet an. Der Sohn Gottes hat felsenfest versprochen, dass er niemanden abweisen wird, der zu ihm kommt (Johannes 6,37). Er wird Sie annehmen und einen neuen Menschen aus Ihnen machen.

Was werden Sie mit Jesus Christus tun? Werden Sie sich für ihn öffnen?

Religion oder Evangelium?

»Er sprach aber zu einigen, die auf sich selbst vertrauten, dass sie gerecht seien, und die Übrigen für nichts achteten, dieses Gleichnis: Zwei Menschen gingen hinauf in den Tempel, um zu beten, der eine ein Pharisäer und der andere ein Zöllner. Der Pharisäer stand und betete bei sich selbst so: O Gott, ich danke dir, dass ich nicht bin wie die übrigen der Menschen: Räuber, Ungerechte, Ehebrecher oder auch wie dieser Zöllner. Ich faste zweimal in der Woche, ich verzehnte alles, was ich erwerbe. Und der Zöllner stand von fern und wollte sogar die Augen nicht aufheben zum Himmel, sondern schlug an seine Brust und sprach: O Gott, sei mir, dem Sünder, gnädig! Ich sage euch: Dieser ging gerechtfertigt hinab in sein Haus im Gegensatz zu jenem; denn jeder, der sich selbst erhöht, wird erniedrigt werden; wer aber sich selbst erniedrigt, wird erhöht werden.«

(Lukas 18,9-14)

Vielleicht fragen Sie: Wieso denn »Religion *oder* Evangelium«? Viele Menschen sagen doch, Religion sei etwas Gutes, Religion sei etwas Göttliches. Wozu gibt es denn sonst in den Schulen Religionsunterricht? Nun bestreite ich die Nützlichkeit eines bibeltreuen Religionsunterrichts in keiner Weise, aber dennoch möchte ich Ihnen gerne aufzeigen, dass zwischen Religion und Evangelium ein Riesenunterschied besteht. Ich lade Sie ein, meine Argumentation zu prüfen. Ich beginne mit einer positiven Aussage:

1. Religion kennt das Gebet

Im Lukas-Evangelium erzählt Jesus Christus von zwei sehr verschiedenen Menschen, die zur selben Zeit im Tempel beteten. Der eine war ein äußerlich sehr frommer Mann, ein Pharisäer, der andere ein verachteter Zöllner, ein Kollaborateur der damaligen römischen Besatzungsmacht. Der Pharisäer stand da und betete in seinem Herzen.

Der religiöse Mensch betet allgemein gern. Sei es in der Natur, wo er Gott sehr nahe zu sein glaubt, in einer Kirche oder vielleicht abends vor dem Einschlafen. Unter Umständen erlebt er sogar, wie seine Gebete erhört werden. Das muss kein Zufall sein, denn der souveräne, allmächtige Gott erhört auch immer wieder Gebete von Menschen, die noch gar keine Christen sind.

Aber nun frage ich Sie: Ist denn ein Mensch Christ, weil er eine oder mehrere Gebetserhörungen erlebt hat? Ist er dann mit Gott versöhnt? Ist er dann von seinen Sünden errettet? In keiner Weise! Wenn ein Gebetswunsch in Erfüllung geht, dann ist das eine prima Sache – aber es bedeutet nicht, dass der Beter dadurch Christ geworden ist. Christ wird man nur durch Christus; das heißt, indem man Christus bewusst in sein Leben aufnimmt. Alles andere ist unverbindliche Religiosität.

Schauen Sie, auch der religiöse Mensch kennt das Gebet. Er kennt sogar viele Gebete. Doch *ein* Gebet ist ihm unbekannt. Und das lautet so wie das des Zöllners, der im Tempel ganz hinten stand und betete: *»Gott, sei mir Sünder gnädig!«* Oder anders ausgedrückt:

»Herr Jesus Christus, rette mich von meinen Sünden, von meinem verlorenen Leben, vom ewigen Verderben! Herr, rette mich!« Ein solches Gebet kennt er nicht. Denn der religiöse Mensch ist in seinem tiefsten Wesen ein selbstgerechter Mensch, der letztlich mit seinem vermeintlich anständigen Leben vor Gott geradestehen will.

Darf ich Sie an dieser Stelle persönlich ansprechen: Haben Sie sich schon einmal in der Haltung des Zöllners an Ihre Brust geschlagen? Sind Sie errettet von Ihren Sünden? Oder gehören Sie zu den religiösen Menschen? Wenn dem so ist, muss es nicht so bleiben.

2. Religion kommt ohne Bibel aus

Während der religiöse Mensch wohl täglich betet, liest er doch so gut wie nie in der Bibel. Er ist religiös, er betet, er geht zur Kirche oder in andere christliche Veranstaltungen – aber er liest nicht in der Heiligen Schrift. Er bezieht seine Kenntnisse von anderen Menschen oder einfach aus der christlichen Tradition. Und das birgt natürlich eine große Gefahr in sich. Wer nämlich die Bibel nicht kennt, der kann auch nichts an ihr prüfen und muss alles so annehmen – ja, schlucken –, wie es ihm vorgesetzt wird. Predigt ein bibeltreuer Verkündiger, dann hört der religiöse Mensch das Evangelium. Ist aber ein Verkündiger am Werk, der die biblische Botschaft verwässert, verdreht oder in irgendeine bestimmte Richtung umdeutet, dann kann der bibelunkundige Hörer nicht prüfen und erst recht nicht unterscheiden.

Darum kann es vorkommen, dass ein religiöser Mensch das eigentliche Evangelium gar nicht kennt, aber dafür religiöse, eben von Menschen gemachte Gebote peinlich genau einhält. Es gibt zum Beispiel liebe Leute, die glauben, wenn man bestimmte Sakramente empfangen habe oder ein anständiges Leben führe, dann sei man Christ. Solchen und ähnlichen verhängnisvollen Irrtümern verfallen religiöse Menschen, weil sie die Heilige Schrift nicht kennen.
Lesen Sie eigentlich in der Bibel? Nicht, dass daraus bereits das ganze Christsein bestehen würde. Und doch sind Christen in aller Welt Leute, die das Wort Gottes lieb haben. Sie haben automatisch, selbstständig und täglich Umgang mit der Bibel – es sei denn, sie können aus gesundheitlichen Gründen nicht mehr darin lesen oder sie leben in Ländern, wo man ihnen die Heilige Schrift weggenommen hat. Religion kommt ohne Bibel aus. Menschen des Evangeliums hingegen leben mit und aus der Heiligen Schrift.

3. Religion lebt immer vom Tun

Das Gleichnis Jesu macht diese Aussage sehr deutlich. Der Pharisäer zählte vor Gott sein religiöses Tun auf: *»Ich bete, ich faste, ich opfere, ...«* Jemand hat einmal gesagt: *»Religion besteht grundsätzlich aus drei Buchstaben: t u n – tun, tun, tun!«* Darum werden den Menschen in den Religionen steile Treppen gezeigt. Der Mensch muss sich anstrengen. Gebote und Vorschriften sind zu erfüllen, Leistungen sind zu erbringen, Verbote einzuhalten. Das Tun des Menschen wird

stark betont. Die Trennung von Gott durch die Sünde soll Schritt für Schritt durch Anstrengen, Mühen und Gutestun überwunden werden.
Das Evangelium hingegen ist die frohe Botschaft: Was dem (alttestamentlichen) Gesetz und dem Menschen unmöglich war, das tat Gott! Er hat den Himmel zerrissen, die Trennmauer der Schuld zerschlagen und ist in Jesus Christus zu uns gekommen. Und als er am Kreuz starb, rief er aus: *»Es ist vollbracht!«* Das bedeutet: *»Es ist getan!«* Das Evangelium hat quasi fünf Buchstaben: *Getan!* Denn die Botschaft Christi ist das Evangelium von der Gnade. Darum kann niemand den Himmel verdienen. Der Himmel – die ewige Gemeinschaft mit Gott – ist ein freies Geschenk, das Gott jedem gibt, der seine Bedingungen erfüllt. Bedingungen? Also doch Leistung? Nein. Gott hat nur zwei Bedingungen: Sie müssen vom bisherigen Weg umkehren und der Bibel glauben. Jesus Christus verkündigte: *»Kehrt um und glaubt an das Evangelium!«* Das heißt, Sie müssen erkennen, dass Sie vor Gott ein Sünder sind, der nichts zu bringen hat als einen Berg von Schuld. Und dann dürfen Sie in Gedanken zu dem Kreuz kommen, an dem Jesus starb. Dort will Gott Sie begnadigen, von Ihrer Schuld freisprechen und als sein geliebtes Kind annehmen. Sind Sie dazu bereit?
Religion lebt immer vom Tun. Das Evangelium jedoch ist die gute Nachricht, dass Jesus – auch für Sie – alles getan hat!

4. Religion kann ein Mittel zur Gewissensberuhigung sein

Der Volksmund sagt: *»Ein ruhiges Gewissen ist ein sanftes Ruhekissen.«* Das stimmt. Doch bei manchen Menschen ist das ruhige Gewissen bloß die Folge eines schlechten Gedächtnisses. Genau an dieser Stelle setzt dann oft die Religion ein. Man fühlt sich bewusst oder unbewusst schuldig gegenüber Gott. Und dann fängt man an »zu praktizieren«. Das beruhigt irgendwie.

Ich möchte die folgenden Sätze besonders behutsam formulieren, weil ich niemanden verletzen will. Aber ist es nicht so? Das Kind ist erst wenige Wochen alt, dann wird es getauft: *»Es ist jetzt kein Heide mehr«*, sagt sich der religiöse Mensch, *»es ist jetzt Christ!«* Das Kind ist zehn, zwölf, vierzehn Jahre alt, da wird es gefirmt oder konfirmiert. Ein paar Jahre später folgt die christliche Trauung und – wenn alles gut geht – eines Tages die christliche Beerdigung. Soll einem bei so viel Christlichkeit noch etwas fehlen?

Doch jetzt kommt das große »Aber«. Solche Menschen sind gewiss christlich-religiös. Aber haben sie sich jemals von ganzem Herzen zu Gott bekehrt? Sind sie errettet? Leben sie in einer persönlichen Beziehung zu Gott? Oder haben sie lediglich ein Leben lang ihr Gewissen beruhigt? Religion beruhigt ohne Zweifel das Gewissen. Das rettende Evangelium will Ihr Gewissen nicht *beruhigen*, sondern *entlasten*! Die Bibel sagt: *»Die Strafe lag auf ihm (auf Jesus) zu unserem Frieden, und durch seine Striemen ist uns Heilung ge-*

worden« (Jesaja 53,5). Vertrauen Sie dieser Aussage, und Ihr Gewissen wird Frieden finden.
Religion beruhigt vielleicht *vorübergehend* – allein das Evangelium vom stellvertretenden Tod Jesu kann Ihr Gewissen *auf Dauer* entlasten.

5. Religion kennt keine Gewissheit

Religion ist ein ewiges Suchen, ein Fragen, ein Verlangen, ein Händeausstrecken; aber in keiner Religion auf dieser Erde gibt es echte Gewissheit in Bezug auf das ewige Leben. Auch nicht in der so genannten christlichen Religion. Warum nicht? Weil es auf das Tun des Menschen ankommt, bleibt immer das bange Fragen: *»Reicht es aus? Hab ich genug getan?«* – manchmal bis zum Sterbebett hin: *»Reicht es aus?«* Und dann gehen viele religiöse Menschen und Namenschristen in eine für sie ungewisse Ewigkeit hinein.
Aber nicht so bei Christen! Das Evangelium ist nämlich voll strahlender Gewissheit. Paulus sagt zum Beispiel: *»Ich bin überzeugt, dass weder Tod noch Leben ... uns wird scheiden können von der Liebe Gottes ...«* (Römer 8,38-39). Oder Johannes – er teilt den Christen der damaligen Zeit mit: *»Dies habe ich euch geschrieben ..., damit ihr wisst, dass ihr ewiges Leben habt ...«* (1. Johannes 5,13).
Es ist einfach so: In keiner Religion gibt es Gewissheit. Allein das Evangelium ist voll strahlender Gewissheit. Sind Sie sich eigentlich Ihres Heils gewiss? Wenn nein, warum nicht? Kann es sein, dass Ihr Leben noch gar nicht wirklich dem Herrn gehört? Christen können

demütig, aber doch voller Überzeugung sagen: *»Ich weiß, dass ich einmal zu Gott kommen werde, denn Christus hat mich angenommen!«*

6. Religion führt ins ewige Verderben

Der Herr Jesus stellt am Schluss des Gleichnisses fest: *»Ich sage euch: Dieser ging gerechtfertigt hinab in sein Haus im Gegensatz zu jenem ...«* Der stolze Pharisäer blieb in seinen Sünden – und damit auf dem Weg ins Verderben. Der fromme Mann hatte nie seine eigene kümmerliche Gerechtigkeit vor Gott abgelegt. Eine solche Haltung endet unweigerlich im Verderben. Denn die Bibel sagt, dass Gott den Stolzen nur von ferne kennt.

Auch der Sohn Gottes ermahnte solche religiösen Leute einmal mit sehr eindringlichen Worten: *»Nicht jeder, der zu mir sagt: Herr, Herr! wird in das Reich der Himmel eingehen, sondern wer den Willen meines Vaters tut ...«* (Matthäus 7,21). Darum glauben Sie bitte dem Sohn Gottes. Religion führt ins ewige Verderben – das Evangelium hingegen ist die Kraft Gottes, die alle rettet, die darauf vertrauen (Römer 1,16). Glauben heißt *Vertrauen.*

Lassen Sie mich noch einmal betonen: Ihre Religion rettet Sie nicht – aber Sie dürfen zu Christus umkehren. Gott erwartet keinen Kraftakt von Ihnen, sondern eine ehrliche Gesinnung. Wenn Sie erkannt haben, dass Ihr bisheriges Leben mehr oder weniger aus Religion bestand, dass aber das ganze Evangelium in der Person

Jesu Christi zusammengefasst ist, dann können Sie zu Ihm kommen. Der Herr Jesus hat so viel für Sie getan. Er hat aus selbstloser Liebe sein Leben für Sie geopfert. Wenn Sie sich Christus anvertrauen, dann wird eine Beziehung zwischen Ihnen und ihm entstehen.
So war es auch in meinem Leben. Seitdem ich den Herrn Jesus aufgenommen habe, ist er die Mitte meines Lebens und Denkens geworden. Ich möchte sagen, dass ich ihn liebe. Ich habe ein persönliches Verhältnis zu Ihm und durch Ihn zu Gott. Wollen Sie diesen Schritt nicht ebenfalls wagen? Christus ist nur ein Gebet weit von Ihnen entfernt.

Kriege, Krebs und Katastrophen … wie kann Gott das zulassen?

»Zu dieser Zeit waren aber einige zugegen, die ihm von den Galiläern berichteten, deren Blut Pilatus mit ihren Schlachtopfern vermischt hatte. Und er antwortete und sprach zu ihnen: Meint ihr, dass diese Galiläer vor allen Galiläern Sünder waren, weil sie dies erlitten haben? Nein, sage ich euch, sondern wenn ihr nicht Buße tut, werdet ihr alle ebenso umkommen. Oder jene achtzehn, auf die der Turm von Siloah fiel und sie tötete, meint ihr, dass sie vor allen Menschen, die in Jerusalem wohnen, Schuldner waren? Nein, sage ich euch, sondern wenn ihr nicht Buße tut, werdet ihr alle ebenso umkommen.«

(Lukas 13,1-5)

Wer von uns hat bei diesem Thema nicht die Bilder des 11. September 2001 vor Augen? Oder das entsetzliche Leid der Menschen in unzähligen Kriegsgebieten: abgebrannte Städte und Dörfer, von Granaten zerfetzte Kinder. Wollte Gott diese Kriege und ihre Folgen?
Wen von uns plagen nicht auch die Bilder aus der so genannten Dritten Welt? Ausgemergelte Gestalten in Somalia und Ruanda. Sterbende Kinder und verzweifelte Eltern. Ich könnte noch eine Weile fortfahren: Cholera-Infizierte in Südamerika, Erdbeben in Pakistan, Bürgerkrieg im Irak, Tsunami in Asien, Flugzeugabsturz hier – Eisenbahnunglück dort. Und immer wieder Terroranschläge.

Da fragen wir und viele andere: Wie kann Gott das alles zulassen? Die Bibel sagt doch, er sei ein gerechter Gott! Die Bibel sagt doch, er sei ein Gott der Liebe! Viele Zeitgenossen wenden sich enttäuscht ab. An einen solchen Gott können und wollen sie nicht mehr glauben.
Sie sehen, dass wir hier kein leichtes Thema behandeln. Und wenn wir gleich zum persönlichen Leid kommen, dann wird's vielleicht noch schwieriger. Dennoch bin ich fest davon überzeugt, dass wir zu diesem ganzen Komplex einige hilfreiche Antworten finden werden. Sonst würde ich nicht wagen, darüber zu schreiben.

Gott oder Menschen?

Zunächst einmal müssen wir Folgendes feststellen: Wir können nicht einfach alles, was an Schrecklichem in dieser Welt geschieht, Gott in die Schuhe schieben. Da machen wir's uns zu einfach. Wir müssen schon differenzieren. Lassen Sie mich bitte zwei Beispiele herausgreifen.
Am 20. Juli 1969 betrat der erste Mensch den Mond. Der damalige amerikanische Präsident bekam körbeweise Glückwunschtelegramme, in denen die menschliche Entwicklungskunst und Leistung gerühmt wurden. Einige Jahrzehnte zuvor, am 6. August 1945, waren Atombomben auf Hiroshima und Nagasaki gefallen. Damals hatte die ganze Welt aufgeschrien: Wie konnte Gott das zulassen? Das war doch nicht Gott! Gott hat noch keine Atombombe gebaut, auch keine Maschinengewehre, nicht einmal die Spielzeug-Pistolen unserer Kinder!

Wir haben die Hungerkatastrophen erwähnt. Im EU-Land Italien wurden vor einigen Jahren 40.000 Tonnen Pfirsiche vernichtet. Jeder Bauer bekam umgerechnet etwa 20 Cent pro Kilogramm, nur um innerhalb der EU die Preise zu halten. Wir alle wissen, dass ähnliche Dinge auch schon mit Butter, mit Eiern und sogar mit Fleisch passiert sind. Das macht doch nicht Gott, dass Menschen verhungern. Das machen doch wir! Wir von Gott losgelösten Menschen! Es ist wissenschaftlich erwiesen, dass diese Erde acht bis zehn Milliarden Menschen ernähren könnte, wenn die Nahrungsmittel gerecht verteilt würden. Da sitzt doch das Problem! Wenn auf diesem Planeten Menschen verhungern, liegt es nicht an Gott, sondern am Egoismus und an der Hartherzigkeit von Menschen.

Die Anweisungen des Herstellers

Darum wäre es falsch, wenn wir sagen würden: Ich kann nicht an Gott glauben, weil so viel Schreckliches in dieser Welt geschieht. Sondern es ist vielmehr so: *Weil* wir nicht glauben, darum geschieht so viel Schreckliches in dieser Welt!

Auf Elektrogeräten ist hin und wieder die Aufschrift zu lesen: *»Um beste Ergebnisse mit dem Gerät zu erzielen, halte man sich genau an die Anweisungen des Herstellers.«* Gott hat uns die Anweisungen des Herstellers gegeben: die Bibel – das Kursbuch zum Leben. Wenn wir uns an Gottes Wort halten, werden wir keine Kriege anzetteln, auch keine Ehe- und Familienkriege, auch keine Kriege mit Nachbarn oder Geschäftspart-

nern. Denn die Bibel sagt: *»Liebe deinen Nächsten wie dich selbst.«* Und wir werden auch niemanden hungern lassen, weder den heruntergekommenen Bettler an der Tür noch das Not leidende Kind in Ostafrika. Der Glaube an Jesus Christus befreit auch vom Egoismus und macht frei für den Nächsten.
Wir haben festgestellt: Gott bricht keine Kriege vom Zaun, er lässt auch keine Kinder verhungern, sondern der von Gott losgelöste Mensch ist dafür verantwortlich.

Gott könnte doch eingreifen

Aber nun sagen Sie vielleicht: *»Ja, aber Gott könnte doch eingreifen. Er könnte doch die Unrechtstaten der Menschen verhindern. Er könnte doch Blitze vom Himmel senden oder so was Ähnliches.«* Oh ja, das könnte er. Nur: *Wann* sollte Gott eingreifen? Wenn ein Mensch 10 Cent stiehlt oder 10 Euro oder 10 Millionen? Wann sollte er eingreifen? Beim ersten bösen Gerücht oder erst bei Rufmord oder bei Terror?
Schauen Sie, wir dürfen diese Welt nicht mit einem Krimi verwechseln. Ein Krimi endet oft mit der Festnahme des Bösen. Gott hat ein anderes Prinzip. Bei ihm muss alles ausreifen. Gott lässt Gutes und Böses nebeneinander wachsen und ausreifen bis zur Ernte – erst dann wird sortiert.
Die Bibel zeigt uns, dass es einen Sündenfall gegeben hat. Seitdem hat Satan seine Hände im Spiel – ohne sein Wirken kann man unsere Welt, so wie sie ist, nicht erklären. Wir leben in einer gefallenen Welt. Das ist die tiefste Ursache des Leides in dieser Welt. Aber Gott

liebt diese Welt. Und Gott hat eine unheimliche Geduld mit dieser Welt. Sie ist ihm nicht gleichgültig. Gottes Geduld hat ein Ziel. Petrus schreibt: *»... sondern er hat Geduld mit euch, da er nicht will, dass irgendwelche verloren gehen, sondern dass alle zur Buße kommen«* (2. Petrus 3,9).

Erdbeben, Überschwemmungen und Dürrekatastrophen

Nun gibt es aber Katastrophen, die wirklich nicht von Menschen verursacht werden, z.B. Erdbeben, Überschwemmungen oder Dürrekatastrophen (obwohl bei den letzten beiden Punkten zumindest eine indirekte menschliche Mitwirkung erwiesen ist). Was antworten wir hier?

Im 13. Kapitel des Lukasevangeliums wird berichtet, wie Jesus Christus mit einem aktuellen Ereignis konfrontiert wurde. Jesus Christus lehrte hier, dass auch die Unrechtstat von Pilatus und der Turmeinsturz von Siloah, bei dem 18 Menschen ums Leben gekommen waren, einen Sinn hatten. Für jene Opfer der Katastrophen war die Lebenszeit abgelaufen – sie hätten auch im Bett sterben können; aber für alle, die das miterlebten und davon hörten, waren diese Ereignisse ein Ruf zur Buße!

Schauen Sie, für unseren menschlichen Körper ist der Schmerz ein Alarmsignal. Er kann uns veranlassen, einen Arzt aufzusuchen, der dann nicht nur den Schmerz, sondern auch die Wurzel des Übels, die Krankheit selbst, behandelt. Und so ist es auch mit dem Leiden der Menschheit allgemein. Jede Katastrophe, jeder Todesfall soll mich daran erinnern, dass schon morgen ich selbst an der Reihe sein kann. Also muss ich jederzeit bereit sein, aus diesem Leben zu scheiden. Gott möchte mich dazu bringen, dass ich mir einige Fragen stelle: *Wozu lebe ich überhaupt? Was kommt nach dem Tod? Muss ich einmal Rechenschaft über mein Leben ablegen?* Das sind sehr wichtige Fragen, die im Treiben des Alltags oft untergehen.

Die Bibel lehrt uns, dass die größte Katastrophe, die einem Menschen zustoßen kann, nicht der Tod ist, sondern das, was danach kommt: Gottes Gericht! *»Es ist dem Menschen gesetzt, einmal zu sterben, danach aber das Gericht«* (Hebräer 9,27).

Gott ist souverän und gerecht. Und er weiß mit Sicherheit, was er tut. Wenn nun hin und wieder ein »Turm von Siloah« einstürzt, dann will Gott uns damit zur Umkehr rufen. Denn *»Gott will nicht den Tod des Sünders, sondern dass er umkehre und lebe«* (Hesekiel 33,11; Luther-Übersetzung). Wir können nicht beurteilen, warum es gerade diese oder jene Menschen trifft. Doch solange *wir* nicht an den Sohn Gottes glauben und ihm gehorsam sind, bleibt der Zorn Gottes auch über uns. *»Wer an den Sohn glaubt, hat ewiges Leben; wer aber dem Sohn Gottes nicht gehorcht, wird das Leben nicht sehen, sondern der Zorn Gottes bleibt auf ihm«* (Johannes 3,36).

Haben Sie Naturkatastrophen und Unglücksfälle schon mal aus dieser Perspektive gesehen? Wann und womit wollte Gott Sie wachrütteln? Haben Sie seine Sprache verstanden?

Persönliches Leid

Nun kommen wir zum persönlichen Leid. Ich deutete es bereits an: Hier wird's noch schwieriger. Im März 1989 besuchte ich eine Familie, die beim Flugzeugabsturz von Ramstein nur zwanzig Meter von der Absturzstelle entfernt gestanden hatte. Ein Kind war wie durch ein Wunder unverletzt geblieben, ein Kind leicht verletzt, ein weiteres Kind und die Mutter waren schwer verletzt worden, während der Vater seinen schweren Brandwunden in der Ludwigshafener Spezialklinik erlegen war. Wie konnte Gott das zulassen?
Ein halbes Jahr später war ich auf einer Beerdigung: Michaela, keine 30 Jahre alt, hübsch, lebensfroh – und dann kam diese heimtückische, rasend schnell um sich greifende Krebserkrankung. Ich habe auch bei der Beerdigung vor den vielen Menschen die Frage gestellt: Wie konnte Gott das zulassen?
Ich bin gewiss: Manch ein Leser dieses Buches könnte an dieser Stelle seine persönliche Leidensgeschichte erzählen. Da sind Menschen, die Schweres durchgemacht haben: Eltern früh verloren, Ehepartner verloren, Kinder verloren. Der eine hat immer Schmerzen, der andere kommt nicht mehr raus aus dem Loch der Depression. Der eine lebt mit MS, der andere mit einem kaputten Rücken, und der Nächste leidet an Krebs.

Die Warum-Frage

Persönliches Leid – wie kann Gott das zulassen? Warum passiert mir das? Warum gerade ich? Warum? Eines

fällt auf: In der Bibel wird diese Frage immer an Gott gerichtet. Menschen verstehen ihr Leben nicht und wenden sich im Gebet an Gott: Warum, Herr?
Nach der geistesgeschichtlichen Epoche der Aufklärung verschob sich allerdings die Perspektive. Die Warum-Frage wurde nicht mehr an Gott gerichtet. Die Antwort wurde nicht mehr vom vertraulichen Gebet erwartet, sondern die Vernunft galt als Maß aller Dinge. Dieser philosophische Nährboden brachte in den folgenden Jahrhunderten mehrere Lösungsversuche der Warum-Frage hervor.[6] Ich will sie im Folgenden kurz skizzieren:

A. Der weltgeschichtliche Lösungsversuch

Für ihn stehen im Wesentlichen die beiden Deutschen Georg Wilhelm Friedrich Hegel und Karl Marx. Sie lehrten: *»Die Geschichte schreitet voran. Sie entwickelt sich zu Höherem. Mein kleines persönliches Leid ist dabei nicht erheblich. Ich bin nur ein winziges Rädchen im großen Getriebe der Weltgeschichte. Ich leide jetzt – aber künftige Generationen werden es besser haben.«* Diese Sicht ist natürlich von der Bibel her strikt abzulehnen. Wir sind geliebte Geschöpfe Gottes; und er hat einen guten Plan für unser Leben.

B. Der juristische Lösungsversuch

Er besagt, persönlichem Leid muss persönliches Verge-

---

6 Quelle leider nicht bekannt.

hen vorausgegangen sein. Das kann natürlich sein; es muss aber nicht so sein. Hier haben wir die juristische Logik von Ursache und Wirkung. Im Spätjudentum fragten die Jünger Jesu im Hinblick auf den Blindgeborenen: *»Wer hat gesündigt, dieser oder seine Eltern ...?«* Jesus Christus lehnte den juristischen Lösungsversuch kategorisch ab: *»Weder dieser hat gesündigt noch seine Eltern ...«* (Johannes 9,1-3).

C. Der duale Lösungsversuch

Dieser Ansatz verwendet eine simple Formel: Für Sonnenschein im Urlaub ist der liebe Gott zuständig, für Liebeskummer und Zahnschmerzen wird hingegen der Satan verantwortlich gemacht. Mit anderen Worten: Alles Böse kommt vom Teufel – alles Gute kommt von Gott. Diese Art Dualismus trifft nicht zu und wird in der Bibel so nicht gelehrt. Jemand hat einmal zwei sehr kluge Sätze formuliert: *»Obwohl alles Gute von Gott kommt, wird es dennoch von Satan zum Bösen missbraucht. Und obwohl alles Böse von Satan kommt, wird es dennoch von Gott zum Guten gebraucht.«*
Was bleibt denn nun noch übrig? Bisher waren das keine wirklichen Antworten, sondern allenfalls die Anerkennung von Unausweichlichkeit. Ich glaube, am nächsten kommen wir der Sache mit Lösungsversuch D.

D. Der pädagogische Lösungsversuch

Er lautet: Frage nicht *warum*, sondern *wozu*? Der Prophet Jeremia drückt es so aus: *»Denn ich kenne ja die*

Gedanken, die ich über euch denke, spricht der Herr, Gedanken des Friedens und nicht zum Unheil, um euch Zukunft und Hoffnung zu gewähren« (Jeremia 29,11). Das heißt: Gott hat eine liebende Absicht mit unserem Leid! Wenn persönliches Leid in unser Leben kommt, dann werden wir nicht dieselben bleiben. Entweder wir kommen dadurch näher zu Gott, oder wir treiben weiter von ihm weg. Das habe ich schon in vielen Fällen beobachtet.

Gott will Menschen zu sich ziehen

Ich glaube, wir können an dieser Stelle eine Grundaussage machen: Wenn Leid in das Leben eines ungläubigen Menschen kommt, dann will Gott diesen Menschen zu sich ziehen.

1984 lernte ich ein junges Ehepaar kennen. Sie hatten drei Jungs, alle waren gesund, sie besaßen ein eigenes Haus, Freunde usw. Doch dieses Glück stand auf tönernen Füßen. Im August 1983 wurde ihr jüngster Sohn von einem Lastwagen überrollt. Unsagbares Leid kam in die Familie.

Sie wollen wissen, wie Gott das gebraucht hat? Der Vater des verunglückten Jungen sagte mir eines Tages im Rückblick auf ihr Leben als Ehepaar wortwörtlich: *»Wilfried, wir waren gottlose, evangelisch getaufte und konfirmierte Heiden.«* Es bleibt Gottes Geheimnis, wie beide schließlich zum Glauben kamen und später Gastgeber eines Hausbibelkreises wurden.

Ich weiß sehr wohl, dass es nicht immer so gut ausgeht. Aber ich glaube, dass Gott immer das gleiche Ziel hat.

Nicht Gedanken des Leides – Gott betrübt nicht von Herzen –, sondern Gedanken des Friedens!
Wenn Sie heute fragen: *»Warum kam das Leid in mein Leben?«,* dann antworte ich Ihnen: Schauen Sie, Gott liebt Sie so. Er hat alles für Sie getan. Er hat seinen Sohn für Sie gegeben. Er hat Ihnen zudem viel Gutes getan im Laufe Ihres Lebens. Aber Sie haben nicht gehört! Da sagte sich Gott in seinem Herzen: Eines will ich noch versuchen; ich will Leid in das Leben dieses Menschen kommen lassen. Ob er dann aufwacht? Ob er dann umkehrt?
In einem Lied heißt es: *»Bald mit Lieben, bald mit Leiden, kamst du, Herr, mein Gott, zu mir, Dir das Herze zu bereiten, ganz mich zu ergeben Dir.«*
Gott hat ein Ziel mit Ihrem Leid. Er will, dass Sie Ihre oberflächliche Religiosität hinter sich lassen, dass Sie sich von Herzen zu ihm wenden, Ihre Schuld bekennen, seine Vergebung und seinen Frieden erfahren und in einem neuen Leben Christus nachfolgen. Das will Gott!

Gott weiß warum

Darum bleiben Sie bitte nicht beim Warum stehen. Wir dürfen zwar ganz gewiss »Warum?« fragen. Auch Jesus Christus schrie am Kreuz: *»Mein Gott, mein Gott, warum hast du mich verlassen?«* Aber bitte bleiben Sie nicht stehen beim Warum.
Ich hörte von Eltern, die ein Kind begraben mussten. Auf den Grabstein setzten sie nur ein einziges Wort: *Warum?* Jahre später beauftragten sie den Steinmetz, noch zwei weitere Worte hinzuzufügen: *Gott weiß*

warum! Sie hatten wohl inzwischen erkannt, *wozu* das geschehen musste. Das bohrende Warum wird uns so lange quälen, bis das heilende Wozu einsetzt. Wissen Sie, »wozu« das Leid in Ihr Leben kam? Haben Sie eine Antwort von Gott?

Gott will Christen noch tiefer zu sich ziehen

Wenn Leid ins Leben Gläubiger kommt, dann will Gott sie noch näher zu sich ziehen. Als Pastor Johannes Busch seine Frau verlor, da standen sieben Kinder wie Orgelpfeifen an Sarg und Grab. Und dann sprach er selbst bei der Beerdigung sinngemäß die folgenden bewegenden Worte: *»Ich habe hier auf diesem Friedhof viele Trauerreden gehalten. Und manchmal mögen die Zuhörer gedacht haben: ›Na, du hast gut reden. Warte mal ab, wenn es an dich gekommen ist.‹ Heute ist es an mich gekommen. Und ihr fragt sicherlich: ›Wie ist das, Busch? Bleibst du bei der Botschaft von der Liebe Gottes in Jesus Christus?‹ – Jawohl, ich bleibe bei der Botschaft von der Liebe Gottes in Christus Jesus!«* Und er durfte in dieser Haltung im Glauben wachsen und reifen.

Gott kann und will Leid und schwere Führungen gebrauchen, um Menschen des Glaubens noch tiefer mit sich zu verbinden. Viele, viele Christen sind durch Leid gegangen und dadurch noch näher zu ihrem Heiland gekommen. Das Glaubensschiff bekam Tiefgang. Die Verbindung wurde enger. Und ihr Leben wurde fruchtbarer. Wenn die Trauben in die Kelter kommen, dann fließt der Wein.

Katastrophen, Krebs, Krieg – wie kann Gott das zulassen?

Ich hörte schon oft: *»Katastrophen, Krebs, Krieg – wie kann Gott das zulassen?«*

Etwas ist jedoch interessant. Noch niemals hat mich jemand gefragt: Wie konnte Gott eigentlich zulassen, dass sein eigener Sohn so grausam umgebracht wurde? Das ist doch das Drama Gottes, dass Jesus ans Kreuz genagelt wurde, obwohl er nichts Unrechtes getan, sondern geliebt, gepredigt und geheilt hatte!

Aber Gott ließ das nicht nur zu – Gott wollte es so. Die Bibel sagt: *»So sehr hat Gott die Welt geliebt, dass er seinen einzigen Sohn dahingab, damit alle, die an ihn glauben, nicht verloren werden, sondern das ewige Leben haben«* (Johannes 3,16).

Darum sehen Sie das Kreuz an und bleiben Sie davor stehen! Und Sie werden vielleicht erkennen: *»Muss ich in Gottes Augen ein großer Sünder sein, dass sein Sohn an meiner Stelle sterben musste!«* Aber vielleicht auch: *»Muss ich von Gott geliebt sein, dass sein Sohn für mich starb! Ich will meine Rebellion gegen ihn aufgeben und mich IHM unterwerfen. Dieser Sohn soll nun fortan mein Retter und mein Herr sein!«*

Wer zu Jesus Christus gefunden hat, dessen wichtigste Lebensfragen sind gelöst. Er weiß, dass seine Lebensschuld vergeben ist. Er hat in Jesus Friede, Geborgenheit und Lebenssinn. Vielleicht bekommen Sie nicht gleich Antworten auf alle Fragen Ihres Lebens. Aber wenn Sie zu Christus gefunden haben, werden Sie auch mit ungelösten Randfragen Ihrer Existenz leben können. Wir wissen auch nicht, warum unser erstes Kind im Mutterleib starb und meine Frau es tot zur Welt bringen musste. Wir werden es in der Ewigkeit erfahren. Und das genügt uns, weil wir zum Frieden finden durften.

1 Meter 80 tief und dann?

»Es war aber ein reicher Mann, und er kleidete sich in Purpur und feine Leinwand und lebte alle Tage fröhlich und in Prunk. Ein Armer aber, mit Namen Lazarus, lag an dessen Tor, voller Geschwüre, und er begehrte, sich mit den Abfällen vom Tisch des Reichen zu sättigen; aber auch die Hunde kamen und leckten seine Geschwüre. Es geschah aber, dass der Arme starb und von den Engeln in Abrahams Schoß getragen wurde. Es starb aber auch der Reiche und wurde begraben. Und als er im Hades seine Augen aufschlug und in Qualen war ...«

(Lukas 16,19-23)

Nichts ist so sicher wie der Tod, und nichts ist so unsicher wie das Leben. Wer kann uns nun über das Leben nach dem Tod Auskunft geben? Sollen wir Parapsychologen zu Rate ziehen? Sollen wir Okkultisten fragen, die auf verbotenem Weg ins Jenseits vorstoßen? Oder Frau Dr. Elisabeth Kübler-Ross, die berühmte Sterbeforscherin?

Ich bin so froh, dass kein Geringerer als Jesus, der Sohn des lebendigen Gottes, uns Auskunft geben kann und will in seinem Wort. Sein Wort ist zuverlässig. Wer der Heiligen Schrift Vertrauen schenkt, hat Felsengrund unter seinen Füßen. Eher werden Himmel und Erde vergehen, als dass Gottes Wort vergeht (Matthäus 24,35).

Ein armer Reicher

Im 16. Kapitel des Lukasevangeliums werden zwei Männer vorgestellt: der reiche Mann und der arme Lazarus. Wir betrachten zunächst den Reichen. Er hatte Nahrung und Kleidung im Überfluss. Er besaß einen hohen Lebensstandard, Freude und irdisches Lebensglück. Er lebte wahrlich auf der Sonnenseite des Lebens.

Doch hier muss ich einem Missverständnis vorbeugen: Dieser reiche Mann kam in die Hölle, nicht weil er reich war, sondern weil er ohne eine persönliche Beziehung zu Gott und damit ohne Vergebung seiner Sünden in die Ewigkeit gegangen war. Aber vielleicht war sein Reichtum das größte Hindernis auf seinem Weg zu Gott gewesen. Jemand sagte einmal: *»Ein reicher Mann ist ein armer Mann, der viel Geld hat.«*

Eines Tages starb dieser Mann. Es gab eine Riesenbeerdigung, und wahrscheinlich wurde eine Litanei von Lobreden an seinem Grab gehalten. Bekanntlich wird ja nirgends so viel gelogen wie auf Friedhöfen.

Bis hierher spielt der Bericht im Diesseits. Und nun wechselt er nahtlos über ins Jenseits, in jene unsichtbare Welt, die genauso Wirklichkeit ist. Wie sieht nun dieser Ort aus, an den die Verlorenen kommen? Es gehört zu einem solchen Buch, dass darüber ein ganz offenes Wort gesagt wird.

1. Der Ort der Verlorenen ist ein Ort des Bewusstseins – nicht der Vernichtung!

Es heißt hier: *»Er hob seine Augen auf …«* Er öffnete

die Augen. Von wegen »1,80 Meter tief – und dann ist alles aus«! Viele Menschen glauben, durch den Tod werde das Dasein des Menschen aufgehoben. Das trifft aber nicht zu. Viele möchten es vielleicht gerne glauben, weil sie instinktiv ahnen, was das Neue Testament sagt: *»Schrecklich ist's,* (unversöhnt) *in die Hände des lebendigen Gottes zu fallen«* (Hebräer 10,31).

2. Der Ort der Verlorenen ist auch ein Ort der Qual

Der Reiche war aus einer Welt ohne Schmerzen hineingestorben in die Welt der Schmerzen. Er litt physische und psychische Qualen: *»Ich leide Pein in dieser Flamme!«* Die Offenbarung des Johannes bestätigt diese Aussage: *»Der Rauch ihrer Qual wird aufsteigen von Ewigkeit zu Ewigkeit«* (Offenbarung 14,11). Können Sie ermessen, was das heißt?

3. Der Ort der Verlorenen ist auch ein Ort der Erinnerung

Abraham antwortet dem Reichen: *»Kind, gedenke …!«* Mit anderen Worten: *»Erinnere dich!«* Ja, woran denn? *»… dass du dein Gutes empfangen hast in deinem Leben …«* Eine der größten Sünden unseres Lebens ist die Undankbarkeit. Gott hatte diesem Reichen so viel Gutes getan und geschenkt: einen Leib, eine Seele, Gesundheit über viele Jahre, vielleicht eine Frau, vielleicht Kinder, gute Ernten, beruflichen Erfolg, Bewahrung in manchen Gefahren usw.

Ist es in Ihrem Leben nicht ähnlich? Wissen Sie nicht, dass Sie jeden Augenblick von Gottes Güte leben? Wissen Sie nicht, dass Gottes Güte Sie zur Umkehr leiten will?

Aber die Menschen werden sich am Ort der Verlorenen nicht nur an das Gute erinnern, sondern auch an ihre Sünden. Im drittletzten Kapitel der Bibel finden wir erschütternde Aussagen: *»Und ich sah einen großen, weißen Thron und den, der darauf saß; und vor seinem Angesicht floh die Erde und der Himmel, und ihnen ward keine Stätte gefunden. Und ich sah die Toten, beide, groß und klein, stehen vor dem Thron, und Bücher wurden aufgetan ...«* (Offenbarung 20,11-12).

Der Film des Lebens

Modern ausgedrückt: Dort wird der Film des Lebens ablaufen. Dort wird zu sehen sein, wer oder was wirklich Gott in Ihrem Leben war. Die Szene wird zu sehen sein, wie Sie in Horoskopen gelesen und auf sie vertraut haben. Und die Szene bei der Wahrsagerin. Und die Szenen werden zu sehen sein, wie Sie den heiligen Namen Gottes missbraucht haben: *»Ach, Gott, wie ist es kalt! Ach, Gott, wie ist es heiß! Herrje, Herrjemine ...«* Und der Film läuft weiter.

Und dann wird zu sehen sein, wie Sie Ihre Ruhetage verbracht haben. Keine Zeit für Gott. Keine Zeit für den Gottesdienst. Keine Zeit für Gottes Wort. Und dann wird zu sehen sein, wie Sie mit Ihren Eltern umgegangen sind. Jede Lieblosigkeit, jeder Ungehorsam und wie Sie mit ihnen und über sie geredet haben. Und

der Film läuft weiter. Und manches ungeborene Kind wird dann rufen: *»Mutter, Vater, warum habt ihr mich denn nicht leben lassen?«*
Und Sie möchten gerne den Film anhalten, aber es geht nicht. Und die Sünden Ihrer Jugend werden zu sehen sein, und Ihre vorehelichen Intimbeziehungen, der heimliche Seitensprung und wie Sie in jenen sündigen Magazinen geblättert haben und diese schmutzigen Streifen anschauten und alles, was dann folgte. Und der Film läuft weiter.
Und dann die Szene am Portemonnaie der Mutter und an der Geldkassette des Vaters; und die Szene damals in jenem Kaufhaus, als Sie scheinbar unbemerkt zugegriffen haben. Und alle Lügenszenen Ihres Lebens, aller Stolz, aller Hochmut, alle Heuchelei, aller Richtgeist und alle Unversöhnlichkeit usw. werden auch zu sehen sein, denn Gott nimmt es sehr genau mit Ihren Sünden. Der Gott der Bibel ist ein heiliger Gott, der zu fürchten ist und der nichts unter den Teppich kehrt. Der Gott, der es nicht so genau nimmt, den gibt es nicht – das ist ein Teufelsgebilde! Aber der lebendige Gott ist ein heiliger Gott, und er kann Leib und Seele verderben in der Hölle.

Überbelichtet!

Wissen Sie, die Verlorenen nehmen ihre Sünden mit in die Ewigkeit! Nicht jedoch diejenigen, die in den Himmel gehen! Deren Sünden sind mit dem Blut Jesu Christi abgewaschen. Sie haben ihre Kleider weiß gemacht im Blut des Lammes, und Gott holt nie etwas

unter dem Blut hervor! Die Sünden von dem Film ihres Lebens sind quasi überbelichtet!
Satan stellt Sünde immer als etwas Genießbares dar. Aber er verschweigt den bitteren Nachgeschmack. Sünde ist jedoch niemals harmlos. Sünde ist das Schmutzigste und Schmierigste, was es überhaupt gibt, weil sie dem Menschen nicht nur das irdische, sondern auch das ewige Leben zerstört!
Wer das erkennt, wem wirklich die Augen für die Verderbensmacht der Sünde aufgegangen sind, der fleht: *»Herr Jesus Christus, rette mich von meinen Sünden!«*
Mein lieber Freund, Sie müssen Buße tun! Buße tun heißt: Sie müssen einmal das wahre Wesen der Sünde erkennen und wo die Sünde Sie hinbringen wird – und dann brechen Sie mit der Sünde und lösen Sie sich davon.
Wir erfahren ein Weiteres:

4. Der Ort der Verlorenen ist ein Ort der absoluten Endgültigkeit

Abraham spricht von einer großen Kluft zwischen Himmel und Hölle. Diese Kluft ist unüberbrückbar. Das heißt: Es gibt keine zweite Gelegenheit. Es gibt auch kein Fegefeuer. Gottes Wort sagt mit aller Deutlichkeit: *»Es ist den Menschen bestimmt, einmal zu sterben, danach aber das Gericht«* (Hebräer 9,27). Darum heißt es in einem Lied: *»Bedenke dein seliges Heut, die Gnade hat Schranken und Zeit!«*
Die Bibel kennt auch keine Reinkarnation. Die Wiederverkörperungslehre stammt ursprünglich aus der Religi-

onsphilosophie des Hinduismus. Ihr liegt ein zyklisches Weltbild zugrunde. Die Bibel lehrt jedoch ein lineares Welt- und Geschichtsverständnis. Unser Leben hat einen Anfang und ein Ende. Danach müssen wir uns – ob wir es wahrhaben wollen oder nicht – vor Gott verantworten.

5. Und dann ist der Ort der Verlorenen auch ein Ort der Selbstbeschuldigung

Wie viele verpasste Gelegenheiten werden den Menschen da vor Augen stehen! Wie oft hatte dieser reiche Mann vielleicht auf Partys gesagt: *»Ach, 1,80 Meter tief – und dann ist alles aus. Es ist doch noch keiner zurückgekommen. Jetzt und hier muss das Leben gelebt werden. Himmel und Hölle sind doch Ammenmärchen der Kirchen. Die wollen doch nur die Leute mit dem Höllenhund in den Himmel jagen. Lustig gelebt und selig gestorben, das heißt dem Teufel das Handwerk verdorben. Wirt, bring noch 'ne Runde! Ich gebe noch einen aus.«* Und dann wurde weiter getrunken, weiter gespottet, weiter gesündigt.

Und jetzt? Jetzt sah alles ganz anders aus. Jetzt machte er sich die bittersten Vorwürfe: *»Damals, als es mir so gut ging ... Damals, auf jener Beerdigung, als mir der Ernst der Ewigkeit so klar vor Augen stand ... Damals, im Krankenhaus, vor der Operation ... Damals, im Gottesdienst, als jener Prediger so deutlich zur Umkehr gerufen hat ... Damals, bei jener Veranstaltung, als ich meinen Pflichtbesuch gemacht habe. Warum hab ich bloß nicht auf Gottes werbende Liebe gehört? Und warum hab ich eigentlich nicht geantwortet?«*

Wissen Sie, Sie können sich nicht einfach bekehren, wann Sie wollen. Aber es gibt Augenblicke, in denen Gott einem Menschen sehr nahekommt. So ist auch dieses Buchkapitel nicht zufällig. Es ist Gottes Botschaft für Sie. Darum lassen Sie sich erretten, sonst wird auch Ihre Ewigkeit eine Ewigkeit der Selbstbeschuldigung sein. Der deutsche Dichter Schiller sagte: *»Was du in einer Minute ausgeschlagen, bringt keine Ewigkeit zurück.«*

6. Der Ort der Verlorenen ist auch ein Ort der Besorgnis

Der reiche Mann wollte seine Brüder warnen: *»Vater Abraham, ich habe noch fünf Brüder ...«* Wenn die Insassen der Hölle nur für 24 Stunden auf die Erde zurückkommen dürften, dann würden sie in dieser Zeit keine Minute für Essen, Trinken und Zeitunglesen vergeuden, sondern predigen: *»Kehrt um und glaubt an das Evangelium!«* Sie wären glühende Evangelisten. Doch sie können nicht kommen. Abraham verweist auf die Heilige Schrift: *»Sie haben Mose und die Propheten; mögen sie die hören«* (Lukas 16,29). Mit *»Mose und die Propheten«* meinte er das Alte Testament, die Bibel jener Zeit. Aber der Reiche lehnte Gottes Wort ab. Das ist der eigentliche Grund, warum er sich am Ort der Verlorenen wiederfand.

7. Der Ort der Verlorenen ist auch ein Ort der erloschenen Verheißungen

Zwei Bitten wurden in Richtung Himmel gerichtet – doch beide wurden abgeschlagen. Die Bibel ist voller Verheißungen, das sind felsenfeste Versprechen Gottes. Zwei Beispiele: *»Rufe mich an in der Not, so will ich dich erretten«* (Psalm 50,15). Oder: *»Wer den Namen des Herrn anrufen wird, wird errettet werden* (Apostelgeschichte 2,21). Aber alle diese Versprechen gelten nur für dieses Leben – die Hölle ist ein Ort der erloschenen Verheißungen.

Das Kreuz von Golgatha

Vor Ihnen steht jetzt in besonderer Weise der Ernst der Ewigkeit. Aber wie froh bin ich, dass zwischen Ihnen und der Hölle das Kreuz von Golgatha steht. Und Gott ruft: *»Komm zum Kreuz!«* Dort hat Jesus Christus für Sie »die Hölle« gekostet. Dort wurde er von Gott zur Sünde gemacht (2. Korinther 5,21). Gott warf alle Sünden – auch diejenigen von dem Film Ihres Lebens – auf seinen Sohn. Dann musste sich der Heilige abwenden, und Christus schrie auf: *»Mein Gott, mein Gott, warum hast du mich verlassen?«* (Matthäus 27,46). Wissen Sie warum? Damit Sie und ich nicht dahinmüssen. Gott will nicht, dass Sie an den Ort der Qual kommen. Er hat die Hölle gar nicht für Menschen bestimmt, sondern für den Teufel und seine Engel. Gott liebt Sie. Er will Sie retten von Ihren Sünden und von Ihrem verlorenen Leben. Er will Sie reinwaschen, weißer als Schnee. Denn *»das Blut Jesu Christi, seines Sohnes, macht rein von aller Sünde«* (1. Johannes 1,7). Beugen Sie Ihre Knie vor Gott, bekennen Sie ihm Ihre Schuld und Ihren Egoismus und dann glauben Sie an den Herrn Jesus Christus und folgen Sie ihm nach.

Eine Ewigkeit im Licht

Dann wird Ihre Ewigkeit einmal ganz anders aussehen. Wenn Ihr Leben Christus gehört, wenn Sie bereit sind, mit ihm zu leben und, wenn es sein muss, sogar zu leiden, dann wartet ewige Herrlichkeit auf Sie. Gotteskinder wissen: Das Schönste kommt noch!

Lazarus, diese geplagte Jammergestalt, der jahrelang aus der Mülltonne des Reichen gelebt hatte, war jetzt im Paradies. Sein Sterben war ein Heimgehen und ein Erben gewesen. Kein Hunger mehr, keine Krankheit mehr, keine Schmerzen mehr, keine Ungerechtigkeit mehr und keine Tränen mehr. Stattdessen ewige Freude, Wonne, Licht, Wärme, Harmonie. Was kein Auge gesehen hat, was kein Ohr gehört hat, was sich kein Mensch vorstellen kann, das hat Gott denen bereitet, die ihn lieben.

Doch das Schönste in der neuen Welt Gottes ist eine Person: Jesus Christus. Wir singen bei Beerdigungen oft das Lied: *»Wenn nach der Erde Leid, Arbeit und Pein ich in die goldenen Gassen zieh ein, wird nur das Schau'n meines Heilands allein Grund meiner Freude und Anbetung sein.«* So sagte es auch der sterbende Adolf Schlatter: *»Ach, lasst doch die goldenen Gassen. Ich begehre nur eines, am Hals meines Heilands zu hangen!«*

Überschlagen Sie die Kosten, und dann treffen Sie eine verantwortliche Entscheidung. Und wenn Sie bei Christus sein wollen, dann lassen Sie ihn Herr und Retter Ihres Lebens sein.

Wo finde ich echte Lebensfreude?

»Er sprach aber: Ein Mensch hatte zwei Söhne; und der jüngere von ihnen sprach zu dem Vater: Vater, gib mir den Teil des Vermögens, der mir zufällt. Und er teilte ihnen die Habe. Und nach nicht vielen Tagen brachte der jüngere Sohn alles zusammen und reiste weg in ein fernes Land, und dort vergeudete er sein Vermögen, indem er verschwenderisch lebte. Als er aber alles verzehrt hatte, kam eine gewaltige Hungersnot über jenes Land, und er selbst fing an, Mangel zu leiden. ... Als er aber noch fern war, sah ihn sein Vater und wurde innerlich bewegt und lief hin und fiel ihm um seinen Hals und küsste ihn zärtlich. Der Sohn aber sprach zu ihm: Vater, ich habe gesündigt gegen den Himmel und vor dir, ich bin nicht mehr würdig, dein Sohn zu heißen. Der Vater aber sprach zu seinen Sklaven: Bringt das beste Kleid her und zieht es ihm an und tut einen Ring an seine Hand und Sandalen an seine Füße, und bringt das gemästete Kalb her und schlachtet es, und lasst uns essen und fröhlich sein! Denn dieser mein Sohn war tot und ist wieder lebendig geworden, war verloren und ist gefunden worden. Und sie fingen an, fröhlich zu sein.«

(Lukas 15,11-14 und 20-24)

In einem Lied heißt es: *»Freude ist etwas, was man nicht kaufen kann, sie liegt nicht auf der Straße umsonst für jedermann. Die Freude wird begehrt, begehrt* *von Jung und Alt, ein Leben ohne Freude ist sinnlos und ist kalt.«*

1. Ein Leben ohne Freude

Wissen Sie, wie ein Leben ohne Freude beginnt? Wenn ein Mensch in einer Haltung der Rebellion seinen Vater verlässt. Dieser Sohn hatte es zu Hause so gut. Er hatte Essen und Trinken. Er hatte Arbeit. Er hatte Freunde. Er hatte einen Bruder. Aber vor allem hatte er Liebe und Geborgenheit. Der Vater liebte den Sohn und wollte nichts mehr für ihn als Lebensfreude und Lebensglück. Doch der junge Mann rebellierte gegen die Liebe des Vaters. Ihm war's zu muffig und zu eng. Er wollte raus. Er wollte etwas vom Leben haben. Er hatte Angst, etwas zu verpassen. Es zog ihn mächtig fort.

Eine herzlose Melodie

Eines Tages klopft er mit der Faust auf den Tisch: *»Gib mir, Vater, den Teil der Güter, der mir gehört!« – »Rück die Knete raus, Alter!«* Gib mir – das ist die Melodie, die sich durch die gefallene Menschheit zieht. *»Gib mir dein Geld!«* – sagen die Kinder zu Vater oder Mutter. *»Gib mir deinen Körper!«* – sagen viele Männer zu Mädchen oder Frauen. *»Gib mir deine Arbeitskraft!«* – sagt der Firmenchef zu seinen Arbeitern und Angestellten. *»Gib mir deine Seele!«* – sagt der Teufel, *»ich gebe dir vorübergehend Ansehen, Erfolg, Gesundheit und Reichtum.« »Gib mir, gib mir!«* Was für eine herzlose Forderung! Ohne ein Wort der Liebe und des Dankes forderte er sein Erbteil. Und dann schnürte er sein Bündel und zog ferne über Land.

Oh, wie oft hat sich dieser Vorgang seither wiederholt! Er zog ferne über Land. Offenbar zog er weg aus Israel. Denn in Israel galten Schweine als unrein – im Ausland nicht. Ein Ausleger der Heiligen Schrift sagt: *»Er zog dahin, wo der Unterschied zwischen rein und unrein aufgehoben war. Da konnten junge Leute vor der Ehe zusammenleben – und keiner dachte sich etwas dabei. Da konnte man lügen – und galt als schlau. Da konnte man streiten und fluchen, wie man wollte.«*

So zog er weg. Immer weiter weg vom liebenden Vater. Immer mehr hinein in Sünde und Schuld. Er verprasste sein Gut. Das braucht hier nicht weiter beschrieben zu werden. Wir wissen alle, wie man sein Geld verschwenden kann. Alkohol, Glücksspiel, Frauen usw. Jede Menge Lustigkeiten – aber kein bisschen echte Freude. Ist es heute nicht ähnlich? Weil die Menschen so vielen Vergnügungen nachjagen, haben sie so wenig Freude.

Es dauerte nicht lange, da waren die Taschen leer. Die Freunde, die er vielleicht über Monate ausgehalten hatte, ließen ihn fallen wie eine heiße Kartoffel. Und dann sehen wir sehr deutlich, wie ein Leben fern von Gott und damit ohne Freude aussieht. Jesus Christus hat das hier meisterhaft beschrieben.

Ein Leben im Hunger

Es heißt hier: *»Und er fing an, Not zu leiden.«* Da kann man volle Kühlschränke haben und ein volles Bankkonto dazu – aber wenn das Herz leer ist, führt man ein Leben im Hunger. Im Hunger nach Frieden, Vergebung, Sinnerfüllung, Liebe, Geborgenheit usw. Ob heute mitten im Land des Wohlstands einige »hungrige Leute« diese Zeilen lesen?

Ein Leben in der Erniedrigung

»Und er ging hin und hängte sich an einen Bürger desselben Landes, ... der schickte ihn auf seinen Acker, die Säue zu hüten« (V. 15). Da saß er nun mit langem Gesicht bei den grunzenden Schweinen. Die gekünstelte Faschingsfreude der vergangenen Monate war längst weg. Trauer, Schmerz, Wut und Zorn erfüllten sein Herz. Aber so geht es meistens. Jemand sagte einmal: *»Wer die Liebe Gottes verschmäht, muss die Kälte der Menschen erfahren.«*
Und wer Gottes Freude verachtet, der muss den Jammer und das Herzeleid dieser Welt kennenlernen. Gott sagt einmal durch den Propheten Jeremia das erschütternde Wort zu seinem Volk Israel: *»Du musst innewerden, was es für Jammer und Herzeleid bringt, den Herrn, deinen Gott, zu verlassen und ihn nicht zu fürchten«* (Jeremia 2,19). Aber noch etwas wird hier deutlich.

Ein Leben in der Einsamkeit

»Und er begehrte seinen Bauch mit Schweinefutter zu füllen, und niemand gab es ihm« (V. 16). Ein Leben ohne Gott macht furchtbar einsam. Vielleicht haben

Sie Ihre Stammtischbrüder und Diskofreunde eine Weile gehabt; aber warten Sie nur, bis Ihr Geld weg ist oder Sie in andere Schwierigkeiten kommen, dann sitzen Sie ganz alleine da! Vielleicht haben Sie Ihre sexuellen Freuden eine Zeit lang gehabt, aber wenn Sie nicht mehr attraktiv genug sind, dann lässt Sie Ihr Liebhaber genauso kalt sitzen, wie er zuvor seine rechtmäßige Ehefrau sitzen gelassen hat.

Die Bibel hat recht: Ohne Gott zu leben, heißt, im Hunger, in der Erniedrigung und in der Einsamkeit zu sein. In einem solchen Dasein kann keine Freude sein. Kann es sein, dass sich jemand unter den Lesern in diesem trostlosen Zustand befindet? Dann möchte ich es jetzt schon mit dem Liederdichter ausrufen: *»Jesus schenkt Freude, Freude, die nie vergeht, drum such ihn heute, eh es zu spät!«*

Der ältere Bruder

Nun haben wir über den davongelaufenen Sohn nachgedacht, der stinkend und zerlumpt bei den Säuen saß. Vielleicht denkt nun eine ganze Reihe von Ihnen: *»Was hat das mit mir zu tun? Ich bin ein anständiger Bürger; ich habe mir nichts zuschulden kommen lassen; mit mir wird Gott schon zufrieden sein …!«* Aber wir wollen nicht vergessen, dass Jesus Christus hier noch von dem älteren Sohn erzählt. Und dem fehlte ebenfalls die Freude. Er war nicht wie sein jüngerer Bruder vom Vater weggelaufen. Er hatte nicht sein Erbteil mit Dirnen verschleudert. Nein, er war immer zu Hause geblieben und hatte still seine Pflicht getan.

Trotzdem lebte er ein Leben ohne Freude. Wissen Sie, woran man das erkennt?
Als er vom Feld kam und das fröhliche Singen im Vaterhaus hörte, da wollte er nicht hineingehen. Und als der Vater ihn bat, da antwortete er: *»Siehe, so viele Jahre diene ich dir und habe dein Gebot noch nie übertreten; und du hast mir nie einen Bock gegeben, dass ich mit meinen Freunden fröhlich wäre.«*
Nun müssen wir genau hinschauen. Dieser ältere Sohn redet seinen Vater nicht mit dem Wort »Vater« an. So ist das nun mal. Der unbekehrte Mensch sagt vielleicht »Gott« oder »Herrgott«, aber nicht »Vater« (höchstens, wenn er mal das »Vaterunser« herunterplappert). Diese innige Vater-Beziehung zu Gott kennen nur echte Christen. Menschen, die Vergebung ihrer Schuld erfahren haben, die in einer vertrauten Beziehung zu Gott leben und Jesus Christus wirklich Herr sein lassen in ihrem Leben. Kennen Sie das? Sind Sie ein *Kind* Gottes?
Dann sagte der ältere Sohn: *»So viele Jahre diene ich dir ...«* Wissen Sie, so spricht kein wiedergeborener Christ. Der sagt höchstens *umgekehrt*: *»Herr Jesus, so viele Jahre dienst du mir bereits. Du hast mich am Kreuz erlöst, und du wäschst mich jeden Tag neu rein von meiner Schuld ...«* Merken Sie den Unterschied?
Der ältere Sohn fährt fort: *»Ich habe dein Gebot nie übertreten ...!«* Das ist die eindeutige Sprache des selbstgerechten Menschen. Der jüngere Sohn war *ungerecht*, daran besteht kein Zweifel. Aber der ältere Bruder war *selbstgerecht*. Das ist noch viel schlimmer. *»Ich habe dein Gebot nie übertreten! Mir kann*

keiner was nachsagen! Ich tue recht und scheue niemand!«

Wenn Sie heute als freudloser Mensch, der äußerlich ein anständiges Leben führt, dieses Kapitel lesen, dann liegt der Grund Ihrer Freudlosigkeit einzig und allein in Ihrer Selbstgerechtigkeit! Es geht Ihnen wie dem älteren Sohn. Der war *äußerlich* betrachtet vielleicht nicht vom Vater weggelaufen – aber *innerlich* meilenweit entfernt. Gott wohnt nicht in selbstzufriedenen und selbstgerechten Herzen. Die Bibel sagt: *»Er wohnt in der Höhe und im Heiligtum und bei denen, die zerschlagenen Herzens sind.«* Jesus Christus kommt nur in Sünderherzen. Er kann an Tausenden vorübergehen, aber wenn ein Sünder nach Rettung schreit, dann bleibt er stehen und wendet sich dieser Seele zu.

Dann macht der ältere Sohn seinem Vater einen handfesten Vorwurf: *»Du hast mir nie einen Bock gegeben, dass ich mit meinen Freunden fröhlich wäre!«* Offensichtlich dachte er, dass man nur beim Essen und Trinken fröhlich sein kann. Der hätte wahrscheinlich keine Fete ausgelassen!

Und noch etwas zeigt uns, dass auch der Ältere ein Verlorener war: *»Er wurde zornig und wollte nicht hineingehen.«* So ist der natürliche, selbstgerechte Mensch. Er will nicht ins Reich Gottes, denn das Reich Gottes ist ein Reich der Gnade. Da kommen nur begnadigte Sünder hinein. Und er kann sich nicht freuen, wenn andere errettet werden. Sehen Sie, er war genauso fern von Gott wie sein Bruder, der bei den Schweinen gesessen hatte.

Eine unbequeme Wahrheit

Ich habe in den letzten Jahren beobachtet, dass diese Wahrheit nur sehr ungern gehört und angenommen wird. Es leuchtet uns nicht ein, aber in Gottes Augen ist ein christlich-religiöser Mensch, der in jedem Gottesdienst sitzt, genauso weit weg von ihm wie ein ungläubiger Punker vor dem Hauptbahnhof. Der fromme Saulus war genauso weit weg wie der Halsabschneider Zachäus. Ob eine Blume zertreten im Staub liegt oder ob sie in einer schönen Vase prangt, beide sind dem Tod verfallen, weil sie von der Wurzel getrennt sind. Wer Christus nicht als seinen Herrn und Erretter kennt, ist in Gottes Augen ein verlorener Sohn bzw. eine verlorene Tochter. Meine bange Frage lautet an dieser Stelle: Wer von meinen geschätzten Lesern gleicht dem älteren Sohn? Wer ist noch kein Sünder in seinen eigenen Augen? Wer braucht noch keine Gnade? Wer will nicht hineingehen?

Aber das eine ist doch hoffentlich deutlich geworden: Sowohl ein Leben in offenkundiger Sünde als auch ein Leben in biederer Selbstgerechtigkeit ist ein Leben ohne Freude. Allenfalls Lustigkeiten. Aber kein Gramm von echter Lebensfreude.

Zu Heinrich Coerper, dem Gründer der Liebenzeller Mission, kam einmal eine Frau und wollte wissen, ob sie errettet sei. Das Gespräch ging eine ganze Weile, dann fragte Pfarrer Coerper: *»Sagen Sie, waren Sie eigentlich schon einmal verloren?« – »Verloren?«*, antwortete die Frau, *»Nee, nicht dass ich wüsste.« – »Sehen Sie«*, sagte Coerper daraufhin, *»dann sind Sie auch noch nicht gerettet!«*

Wollen wir uns an dieser Stelle die ehrliche Frage stellen: *»Bin ich noch verloren? Bin ich ein verlorener Sohn? Bin ich eine verlorene Tochter?«*

2. Der Weg zur Freude

Verkündiger der vergangenen Jahrhunderte haben diesen Weg immer wieder mit vier Stichworten beschrieben:
a) Einkehr: *»Da schlug er in sich ...«* Solange Sie noch *um sich* schlagen, kann Gott Ihnen nicht helfen. Sagen Sie bitte nicht: »Meine Eltern sind schuld, mein Mann ist schuld, meine Frau ist schuld, mein Chef ist schuld, mein Nachbar ist schuld – sondern schlagen Sie sich an Ihre Brust: *»Bei mir stimmt es nicht.«* David sagte eines Tages: *»Ich habe gesündigt!«*
b) Abkehr: Er sagte: *»Ich verderbe hier im Hunger ...«* Er erkannte seine Lage nüchtern, realistisch und wollte weg vom Schweinetrog. Schauen Sie, Sie verderben im Hunger, wenn Sie Christus weiterhin aus Ihrem Leben ausklammern. Er will hinein. Und es gibt nur einen Platz, der ihm gebührt: der Thronsessel Ihres Herzens!
c) Umkehr: *»Ich will mich aufmachen ...«* Das war ein echter Willensentschluss, nicht bloß ein guter Vorsatz. Wenn Ihr Leben bisher sinn- und freudlos war, dann fassen Sie doch den Entschluss, Christus zu vertrauen. Die Bibel sagt: *»Und wen dürstet, der komme! Wer da will, nehme das Wasser des Lebens umsonst!«* (Offenbarung 22,17).
d) Heimkehr: *»Und er machte sich auf und kam zu seinem Vater.«* Und nun geschieht das Unfassbare. Der Vater nimmt ihn an, wie er ist! Was wäre denn normal

gewesen? Wenn du mein ganzes Geld, das du verprasst hast, wieder zusammenhast … wenn du meinen guten Ruf wiederhergestellt hast … wenn du anständige Kleider anhast … »Wenn – dann«, sagen viele Eltern zu ihren Kindern. Die Liebe des himmlischen Vaters ist anders. Er wartete lange. Er hielt Ausschau nach seinem verlorenen Sohn. Als er ihn kommen sah, lief er ihm entgegen, umarmte ihn, küsste ihn. Er gab ihm das beste Kleid, einen Ring und Sandalen an seine Füße. Das gemästete Kalb wurde geschlachtet. Und sie fingen an, fröhlich zu sein (Lukas 15,20-24). Jetzt war echte Lebensfreude eingekehrt.

Ich bin zu schlecht – mich kann Gott nicht mehr annehmen

Vielleicht wendet jemand ein: *»Ich bin zu schlecht; mich kann der Vater nicht mehr annehmen.«* Wissen Sie, der Teufel hat viele Gesichter. Zuerst redet er uns ein: *»Du bist in Ordnung; du bist kein Sünder; du brauchst dich nicht zu bekehren.«* Aber wenn Gottes Geist in unser Leben geleuchtet hat und wir von unserer Schuld überführt sind, dann kommt der Böse von der anderen Seite: *»Du bist so schlecht; dich kann Gott nicht mehr annehmen.«*

Lassen Sie mich darum eine Geschichte erzählen. Da war ein Sohn aus gutem Hause, der auf die schiefe Bahn geraten und sogar im Gefängnis gelandet war. Dort kam er zur Besinnung. Er bereute sein unordentliches Leben von ganzem Herzen. Als der Tag seiner Entlassung nahte, schrieb er seinen Eltern, die an der

Bahnstrecke wohnten, einen Brief: *»Ich habe euch viel Böses angetan. Aber es tut mir aufrichtig leid. Trotzdem weiß ich nicht, ob ich euch unter die Augen treten darf. Ich werde am 30.06. entlassen und komme mit dem Zug. Wenn ihr mich noch einmal annehmen wollt, dann hängt ein weißes Taschentuch in den Baum, der an den Bahngleisen steht. Wenn nicht, werde ich weiterfahren und euch nie mehr wiedersehen.«*

Als er entlassen worden war, saß er mit feuchten Händen im Zugabteil. Er wagte kaum, den Blick zu heben. Aber dann sah er den Baum über und über mit weißen Bettlaken vollgehängt. Seine Eltern hatten gedacht, ein Taschentuch könnte leicht übersehen werden. Doch der verlorene Sohn sollte unbedingt sehen, wie sehr er geliebt und wie sehr er erwartet wurde.

Spricht diese Geschichte nicht deutlich von der Liebe des himmlischen Vaters? Sie dürfen kommen. Gott wartet auf Sie. Er ist bereit, dem bußbereiten Sünder zu vergeben. Er möchte Sie versöhnen und in seine Familie aufnehmen. Werden Sie kommen? Werden Sie in ihm die Freude finden?

3. Ein Leben der Freude

Ein Mann namens E. Stanley Jones sagte: *»Ein Christ besitzt auf einem Quadratzentimeter mehr Freude als andere auf einem Quadratkilometer!«* Warum ist das so? Nun, er freut sich an seiner Bibel, weil sie das Wort Gottes ist. Er sagt mit dem Psalmbeter: *»Ich freue mich über dein Wort wie einer, der große Beute macht«* (Psalm 119,162). Ein Christ freut sich am

Gebet, am Gespräch der Liebe mit seinem Herrn. Er freut sich auch am Dienst für den Herrn. Ein Christ dient Gott aus Liebe und als Dank für Golgatha. Ein solcher Dienst bringt Freude, weil er nicht für die Vergänglichkeit getan wird. Er hat ebenfalls Freude an der Geborgenheit. Er weiß sich aufgehoben, selbst im Operationssaal, selbst in Verfolgung: *»In dir ist Freude in allem Leide ...«*

Und schließlich besitzt ein Kind Gottes eine unbändige Freude an Jesus. Es ist die Freude *am* Herrn, *im* Herrn, *auf den* Herrn und einst *beim* Herrn. Das ist der Kern des Christenlebens: eine Beziehung der Liebe und der Freude. Hermann Bezzel, der ehemalige bayrische Kirchenpräsident, sagte einmal: *»Christentum ist Freudentum!«*

Kennt ein Christ dann gar keine Traurigkeit mehr? Oh nein! Kinder Gottes leben ihr neues Leben noch auf dieser alten Erde. Sie erleiden Krankheit, Leid, Schmerz und Tod wie alle anderen Menschen. Dazu kommt, dass sie oft *geistlich* an der Gottlosigkeit ihrer Zeitgenossen leiden. Da kann es noch manche Tränen geben. Und doch kann das die Grundfreude ihres Herzens nicht auslöschen. *»Und sie fingen an, fröhlich zu sein«* (Lukas 15,24).

Vergebung – das zentrale Problem?

»Und als sie an den Ort kamen, der Schädelstätte genannt wird, kreuzigten sie dort ihn und die Übeltäter, den einen zur Rechten, den anderen zur Linken. Jesus aber sprach: Vater, vergib ihnen, denn sie wissen nicht, was sie tun! ...
Einer der gehenkten Übeltäter aber lästerte ihn: Bist du nicht der Christus? Rette dich selbst und uns! Der andere aber antwortete und strafte ihn und sprach: Auch du fürchtest Gott nicht, da du in demselben Gericht bist? Und wir zwar mit Recht, denn wir empfangen, was unsere Taten wert sind; dieser aber hat nichts Ungeziemendes getan. Und er sprach: Jesus, gedenke meiner, wenn du in dein Reich kommst! Und Jesus sprach zu ihm: Wahrlich, ich sage dir: Heute wirst du mit mir im Paradies sein.«

(Lukas 23,33-34 und 39-43)

Als der untergetauchte Nazi Adolf Eichmann, ehemals Sonderbeauftragter für die so genannte »Endlösung« der Judenfrage im Dritten Reich, 1961 in Buenos Aires vom israelischen Geheimdienst Mossad aufgespürt und verhaftet worden war, wurde er in Jerusalem vor Gericht gestellt und zum Tode verurteilt. Ein amerikanischer Militärgeistlicher, ein gläubiger Mann, versuchte ihm klar zu machen, welch unvorstellbare Schuld auf ihm lag. Er wollte ihm zeigen, dass bei Gott Vergebung möglich ist. Doch Adolf Eichmann soll noch auf dem Weg zu seiner Hinrichtung gesagt haben: *»Ich brauche keine Vergebung, und ich will keine Vergebung.«* Erschütternd. Genauso war es damals, als jene drei Kreuze auf dem Hügel Golgatha standen.

1. Einer, der keine Vergebung wollte

Betrachten wir zuerst das linke Kreuz. Es liegt ein letztes Geheimnis über diesem Kreuz, nämlich das Geheimnis der Gottesferne. Wie ist es möglich, dass sich Menschen selbst in ihrer Todesstunde in der Gottesferne heimisch fühlen? Ohne ein bisschen Sehnsucht nach dem Gott, der sie geschaffen und mit ewiger Liebe geliebt hat? Menschen, die ohne Gott gelebt haben und ohne Gott sterben. Es ist ein schauerlicher Anblick. Wir wollen unseren Blick abwenden und hinüberschauen zu dem rechten Kreuz.

2. Einer, der die Vergebung suchte

Dort hängt ebenfalls ein Mörder. Da sehen wir, in welche Tiefe der Sohn Gottes hinabgestiegen ist. Dieser rechte Mörder ist keinesfalls irgendwie besser als der linke. Moralisch gesehen stehen beide absolut auf derselben Stufe. Und doch ist dieser Mann so anders. Der schwäbische Glaubensvater Johann Albrecht Bengel sagte einmal: *»Dieser ließ die harte Kreuzespein bei sich anschlagen. Auf dem weichen Lager kommt es selten zu einer gründlichen Bekehrung.«*

Wenn ich auf die letzten 25 Jahre meines Lebens zurückschaue, so durfte ich manche Bekehrungen miterleben. So verschieden diese Menschen auch waren, eines hatten fast alle gemeinsam: Sie kehrten in der Tiefe ihres Lebens zu Gott um, in der Tiefe einer schweren Krankheit, nach dem Tod eines nahen Angehörigen, nach einer zerbrochenen Beziehung, in einer Sinnkrise, in einer Schuldkrise, in einer tiefen Lebenskrise usw. In der Tiefe pflügte Gott das Herz dieser Menschen um und machte es empfänglich für die Saat des Evangeliums.

Und dann geschieht etwas sehr, sehr Merkwürdiges. Ein gekreuzigter Mörder fängt auf einmal an, eine Predigt über die Gottesfurcht zu halten. Gott hat manchmal seltsame Prediger. Aber ich glaube, wir tun gut daran, diese Predigt ein wenig näher zu betrachten: *»Da antwortete der andere, strafte ihn und sprach: Fürchtest du dich auch nicht vor Gott, der du doch im gleichen Gericht bist?«* (Lukas 23,40)

»Fürchtest du dich auch nicht vor Gott ...?« Ich glaube, dass in unserer Zeit, zu Beginn des 21. Jahrhunderts, es an nichts, aber auch gar nichts so sehr mangelt wie an echter biblischer Gottesfurcht. Ich meine damit nicht knechtische Angst, sondern Ehrfurcht vor dem lebendigen, heiligen Gott.

Die Bibel sagt: *»Die Furcht des Herrn ist der Weisheit Anfang«* (Sprüche 1,7). Echte Gottesfurcht erkennt man an folgenden Merkmalen: Sie ist ihrem Wesen nach eine heilige Ehrfurcht vor Gott und seinem Wort; sie bewirkt Sündenerkenntnis; sie führt zum rettenden Glauben an Jesus Christus; und schließlich bewirkt sie ein Zurückschrecken vor allem, was den Heiligen Geist betrüben oder Christus Unehre bereiten könnte.

Ich sage den jungen Leuten immer wieder: Gott ist kein dufter Typ, der mit uns auf dem Brunnenrand sitzt und die Beine ins Wasser baumeln lässt. Wir müssen Gott fürchten. Wir sollten in der Realität leben, dass wir eines Tages vor ihm stehen werden. Und ich stelle die Frage: Wie wollen Sie vor ihn treten ohne Jesus Christus? Die Schrift sagt: *»Wer den Sohn hat, hat das Leben; wer den Sohn Gottes nicht hat, hat das Leben nicht«* (1. Johannes 5,12).

Der rechte Mörder fährt dann fort und sagt: *»Und wir zwar sind mit Recht darin, denn wir empfangen, was unsere Taten wert sind«* (Lukas 23,41). Das ist der entscheidende Unterschied zwischen den beiden. Der rechte Mörder bejaht das Kreuz. Seine eigene Gerechtigkeit ist zusammengefallen. Er erkennt auf einmal, dass seine Hinrichtung das einzige gerechte Urteil für seine Taten und für sein ganzes Leben ist. *»... wir empfangen, was unsere Taten wert sind ...«* Darf ich Sie einmal ganz persönlich fragen: Haben Sie schon erkannt, dass Sie in Gottes Augen für Ihr ganzes bisheriges Leben nicht mehr und nicht weniger als den Tod verdient haben? Die Bibel sagt: *»Der Lohn der Sünde ist der Tod«* (Römer 6,23) – zeitlicher und ewiger Tod! Ihre eigene Gerechtigkeit kann Sie vor Gottes gerechtem Zorn ebenso wenig bewahren, wie Spinnweben einen herabstürzenden Felsen aufhalten können. Ihre eigene Gerechtigkeit ist wie ein unflätiges Kleid, das vor Gott nichts taugt.

Ich weiß, da sträubt sich alles in uns. *»Was, ich anständige Hausfrau, die ich immer recht getan habe und niemand scheue ... Was, ich anständiger Kaufmann,*

der ich immer Treu und Redlichkeit geübt habe, der ich immer anständig war – ich soll den Tod verdient haben?«
Jesus Christus ist nicht gekommen, um Unanständige anständiger zu machen. Das kriegen wir nämlich ganz alleine hin. Jesus Christus kam, um Sünder zu erretten. Das ist eine völlig andere Dimension und Wirklichkeit! In einem Lied heißt es: *»Jesus nimmt die Sünder an ...«* Ja, aber er nimmt ausnahmslos *Sünder* an. Er kann an Tausenden vorübergehen, denn er hasst Selbstgerechtigkeit.
»... wir empfangen, was unsere Taten wert sind ...« Haben Sie einmal über die Taten Ihres Lebens nachgedacht? Taten, das sind die Dinge, die wir mit unseren Händen getan haben. Auch Ihre Hände haben schon dem Teufel gedient, oder? Taten, das sind die Wege, die wir mit unseren Füßen gegangen sind … vielleicht zu einer Wahrsagerin, vielleicht in eine Abtreibungsklinik, vielleicht hin zu Prostituierten …? Taten, das sind die Gedanken, die durch unsere Köpfe gegangen sind. Unreine Gedanken, böse Gedanken, Hassgedanken, Lästergedanken. Taten, das sind schließlich auch die Worte, die über unsere Lippen gekommen sind. Lügenworte, gemeine Worte, verletzende Worte usw. Merken Sie, dass wir Sünder Vergebung brauchen? Wo können wir Vergebung finden? Wer kann sie uns bringen?

3. Einer, der die Vergebung brachte

Schauen Sie bitte mit mir auf das mittlere Kreuz: *»Dieser aber hat nichts Unrechtes getan.«* Da hängt der Sohn Gottes. Der, der nie eine Sünde getan hatte. Der Reine und Heilige, das Ebenbild des unsichtbaren Vaters. Mensch wie Sie und ich – doch ohne Sünde. Er machte niemals lange Finger. Er belog niemanden. Er war die Wahrheit in Person. Er schaute niemals eine Frau begehrlich an. Er war auch der Einzige, der sittlich rein über diese Erde ging. *»Dieser aber hat nichts Unrechtes getan.«* Was tat er dann? Er heilte Lahme, Blinde, Kranke, sogar Leprakranke. Wo andere in hundert Meter Entfernung stehen blieben, da legte er seine Hände auf eitrige Köpfe.

So können auch Sie zu ihm kommen. Gehen Sie doch mit dem Aussatz Ihres Lebens zu ihm! Gehen Sie doch mit Ihren unreinen Gedanken, mit Ihrer Alkoholsucht, mit Ihrem Stolz, mit Ihrer Ehrsucht, mit Ihrem Egoismus hin zu ihm! Gehen Sie doch mit Ihren gebundenen Händen, gehen Sie doch mit Ihrer vergifteten Fantasie, gehen Sie doch mit Ihrem belasteten Gewissen zu ihm, zu dem einzig Einen, der Sie frei machen kann! Er hat gesagt: *»Wenn euch nun der Sohn frei macht, dann seid ihr wirklich frei«* (Johannes 8,36).

»Dieser aber hat nichts Unrechtes getan.« Er stillte den Sturm auf dem See Genezareth. Er rief den Lazarus aus dem Grab. Und dann kam Gethsemane, wo er bis aufs Blut der Sünde widerstand. Dann wurden Nägel durch seine Hände geschlagen. Wissen Sie warum? Weil meine und Ihre Hände diese schrecklichen Dinge getan haben. Dann wurden Nägel durch seine Füße geschlagen. Wissen Sie warum? Weil meine und Ihre Füße diese dunklen Wege gegangen sind. Dann wurde eine Dornenkrone auf sein Schädeldach gepresst. Wis-

sen Sie warum? Weil durch meinen und Ihren Schädel diese furchtbaren Gedanken gegangen sind. Und dann wurde er auf den Mund geschlagen. Wissen Sie warum? Weil aus meinem und Ihrem Mund diese bösen Worte gekommen sind. Sehen Sie ihn an, den König der blutenden Liebe!
»Dieser aber hat nichts Unrechtes getan.« Das erkannte jener Verbrecher plötzlich. Und dann ging ihm auf: Wenn Jesus selbst unschuldig ist, dann stirbt er ja stellvertretend. Dann stirbt er ja auch für mich und meine Sünden. Da kommt der wunderbarste Satz über seine Lippen, den ein Mensch im Laufe seines Lebens sagen kann: *»Jesus, gedenke meiner, wenn du in dein Reich kommst!«* Dann hätte sich das Verfassen dieses Buches gelohnt, wenn ein paar stumme Lippen aufgingen und der Satz zu hören wäre: *»Jesus, gedenke meiner, dort in deinem Reich!«*
Er konnte nichts mehr tun. Seine Hände waren angenagelt. Er konnte buchstäblich keinen Finger mehr krumm machen. Aber er griff mit den Händen seines Herzens fest zu und setzte sein ganzes Vertrauen auf Jesus, den Gekreuzigten. Sich im Blick auf ewige Errettung an ihn zu klammern – das nennt die Bibel Bekehrung.
Darf ich Sie noch einmal ganz persönlich ansprechen? Haben Sie in Ihrem Leben schon einmal so gebetet: *»Herr Jesus, gedenke meiner. Ich weiß, dass ich den ewigen Tod verdient habe. Aber ich bitte dich: Nimm mich in Gnaden an.«* Gott ist nur ein Gebet weit von Ihnen entfernt!

4. Einer, der Vergebung praktizierte

Als der Sohn Gottes von rohen Händen auf die rauen Holzbalken genagelt wurde, da bat er für seine Mörder um Vergebung: *»Vater, vergib ihnen, denn sie wissen nicht, was sie tun!«* (Lukas 23,34). Jesus Christus brachte nicht nur die Vergebung, er praktizierte sie auch selbst.

Wie ist das bei Ihnen? Haben Sie irgendeinem Menschen etwas zu vergeben? Unter Umständen Ihrem Partner? War er oder sie vielleicht nicht immer treu? 1571 wurde Jan Rubens in Antwerpen wegen Ehebruchs zum Tode verurteilt. Seine betrogene Ehefrau, Maria Rubens, soll ihm ins Gefängnis folgende Sätze geschrieben haben: *»Mein sehr geliebter Mann, ich vergebe Euch, jetzt und immer. Ihr seid in so großen Ängsten, aus denen ich Euch gerne mit meinem Blut erretten würde. Könnte da überhaupt Hass sein, dass ich eine kleine Sünde gegen mich nicht vergeben könnte, verglichen mit so großen Sünden, wofür ich alle Tage Vergebung bei meinem himmlischen Vater erflehe? ... Und schreibt nicht mehr ›Ich unwürdiger Mann‹. Es ist Euch doch vergeben! Eure treue Ehefrau Maria Rubens.«*

Kraft ihrer Fürbitte kam Jan Rubens nach zwei Jahren Haft frei. Sie siedelten sich in Siegen an, wo dann ihr Sohn Peter Paul Rubens, der später jener weltberühmte Maler werden sollte, geboren wurde.

Haben Sie vielleicht Unrecht erlitten? Hat man Sie am Arbeitsplatz gemobbt, oder wurden Sie beim Erben benachteiligt? Corrie ten Boom hatte mit ihrer Familie in Holland Juden vor der Gestapo versteckt. Eines

Tages wurde Familie ten Boom denunziert. Es folgte eine grausame Leidensgeschichte im KZ Ravensbrück. Corries Vater und ihre Schwester kamen um. Sie selbst wurde völlig überraschend im Januar 1945 freigelassen. Als sie ihre Akte ausgehändigt bekommen hatte, las sie den Namen ihres Verräters. Sie suchte ihn auf, zerriss den Schnellhefter vor seinen Augen und sagte: *»Ich vergebe dir um Jesu willen!«*
Was immer Sie erleiden mussten, wie ist das bei Ihnen? Haben Sie vergeben? Ihrem Partner? Ihren Eltern? Ihrem Chef? Gibt es irgendjemanden, den Sie nicht mehr grüßen, mit dem Sie nicht mehr sprechen, der für Sie »gestorben« ist?

Die Kraft zur Vergebung

Vielleicht fragen Sie sich: Wie finde ich die Kraft zu einer herzlichen Vergebung? Der, der dort betete: *»Vater, vergib ihnen …«*, der will Ihnen die Kraft geben! Der, der den Stephanus befähigte, als schon die Steine auf ihn flogen, zu beten: *»Herr, rechne ihnen diese Sünde nicht zu!«* Der, der Maria Rubens befähigte, ihrem Ehemann zu vergeben, der, der Corrie ten Boom befähigte, ihrem Denunzianten zu vergeben. Aber bitte, machen Sie nicht den zweiten Schritt vor dem ersten! Zuerst brauchen Sie die Vergebung Ihrer Lebensschuld und die Herrschaft Christi in Ihrem Leben – dann können Sie weitere Schritte tun und Ihren Schuldigern vergeben. Gott hat Ihnen noch mehr zu geben als Vergebung: Liebe, Friede, Freude, Sinnerfüllung, Geborgenheit, unzählige Brüder und Schwestern im Glauben usw. – aber Sie werden nichts bekommen ohne die Vergebung. Die Vergebung der Sünden ist das Tor zu allen weiteren Segnungen Gottes.

Zwei Wege – zwei Möglichkeiten

Wir werfen noch einen letzten Blick auf die drei Kreuze. Wir sehen: zwei Wege – zwei Möglichkeiten. Der Mann zur Linken geht verloren, weil er keine Vergebung wollte. Er war selbstgerecht und wurde der Erste der Verdammten. Rechts der Verurteilte bejahte das Kreuz. Er suchte die Vergebung und setzte sein ganzes Vertrauen im Blick auf seine ewige Errettung allein auf den Herrn Jesus. Er wurde der Erste der Erlösten. Was für ein Gott, der einen Raubmörder als Ersten in den Himmel holt! Und in der Mitte Jesus, der Gekreuzigte. An ihm scheidet und entscheidet sich alles. Auch in Ihrem Leben.

Jesus, gedenke meiner!

Es war in Moskau. Im Staatstheater. Versammelt waren alle Größen der KPdSU. Chruschtschow und seine Genossen. Es war in der Ära Chruschtschow. Es wurde das Stück *»Christus im Frack«* gespielt. Es war ein Stück, in dem Jesus Christus und alles, was mit dem Christentum zu tun hat, auf das Furchtbarste verunglimpft wurde: Nonnen und Mönche tollten betrunken und hurend auf der Bühne herum, und alles, was heilig war und sein wollte, wurde in den Dreck getreten. Alles. Es war schauerlich. Es war die Hölle. Es war der größte Betrug.

Und dann hatte der Hauptdarsteller, Alexander Rostowzew, ein von Chruschtschow persönlich geförderter Schauspieler mit größter Karriere vor sich, die Hauptrolle zu spielen: Christus im Frack. Er sollte aus dem Matthäusevangelium die Seligpreisungen vorlesen; an einer ganz bestimmten Stelle sollte er dann die Bibel wegschmeißen und sollte in den Saal rufen: *»Man reiche mir den Frack!«* D.h. ich will jetzt nicht mehr Gott folgen, ich will jetzt nicht mehr arm sein, elend und geschlagen, ich will jetzt nicht mehr abhängig sein vom Heiligen Geist, sondern ich will jetzt das Fleisch feiern, mich ausleben und austoben, ich will Gott den Himmel überlassen und selber die Erde übernehmen und dergleichen mehr.

Und dieser Rostowzew, die Hauptrolle spielend, las die Seligpreisungen. Er las, und er hörte nicht auf zu lesen. Und alle, die im Saal waren, merkten: Da geht etwas vor, das steht nicht im Text, das steht nicht in seinem Rollenbuch. Er las nicht nur, was er lesen sollte, er las, was er lesen musste. Gottes Wort hatte ihn plötzlich gepackt. Gottes Wort hatte ihn plötzlich ergriffen. Vielleicht die Erinnerung an seine Kindheitstage? Vielleicht die Erinnerung an die Gebete seiner Mutter? Ich weiß es nicht. Ich glaube, dass der Heilige Geist sehr mächtig war, als er diesen Mann vor den oberen Zehntausend des sowjetrussischen Reiches zu einem Zeugen machte.

Er stand da und las die Seligpreisungen bis zum Ende. Und dann sagte er noch einen Satz. Und den hat schon mal ein Mann auf dieser Erde gesagt und nicht vergeblich gesagt. Er sagte: *»Jesus, gedenke meiner, wenn du* *in dein Reich kommst!«* Und ich glaube, er erfuhr die Verheißung wie jener Verbrecher am Kreuz: *»Heute wirst du mit mir im Paradies sein.«* [7]

Rostowzew? Wir wissen nicht, wo er geblieben ist. Er tauchte nie wieder auf. Er war erledigt von heute auf morgen. Er verschwand in der Versenkung. Aber sein Zeugnis steht. Und es hat mich gestärkt. Und jetzt haben Sie es gelesen. Wollen Sie es ihm nicht nachmachen? Kehren Sie um zu Gott. Suchen Sie seine Vergebung. Vertrauen Sie Jesus Christus Ihr Leben an und folgen Sie ihm nach.

---

[7] Willi Hofsümmer, *Kurzgeschichten*, Bd. 1, Matthias-Grünewald-Verlag

Leben – fragt sich bloß wozu?

»Und siehe, einer trat herbei und sprach zu ihm: Lehrer, was soll ich Gutes tun, damit ich ewiges Leben habe? Er aber sprach zu ihm: Was fragst du mich über das Gute? Einer ist der Gute. Wenn du aber ins Leben eingehen willst, so halte die Gebote. Er spricht zu ihm: Welche? Jesus aber sprach: Diese: Du sollst nicht töten; du sollst nicht ehebrechen; du sollst nicht stehlen; du sollst nicht falsches Zeugnis geben; ehre den Vater und die Mutter, und: du sollst deinen Nächsten lieben wie dich selbst. Der Jüngling spricht zu ihm: Alles dies habe ich befolgt. Was fehlt mir noch? Jesus sprach zu ihm: Wenn du vollkommen sein willst, so geh hin, verkaufe deine Habe und gib den Armen, und du wirst einen Schatz im Himmel haben. Und komm, folge mir nach! Als aber der Jüngling das Wort hörte, ging er betrübt weg, denn er hatte viele Güter.«

(Matthäus 19,16-22)

»Als wir 6 waren, hatten wir Masern
Als wir 14 waren, hatten wir Krieg
Als wir 20 waren, hatten wir Liebeskummer
Als wir 30 waren, hatten wir Kinder
Als wir 39 waren, hatten wir Adolf
Als wir 40 waren, hatten wir Feindflüge
Als wir 45 waren, hatten wir Schutt
Als wir 48 waren, hatten wir Kopfgeld
Als wir 50 waren, hatten wir Oberwasser
Als wir 59 waren, hatten wir Wohlstand

Als wir 60 waren, hatten wir Gallensteine
Als wir 70 waren, hatten wir gelebt.«

Rudolf Otto Wiemer[8]

Wozu lebe ich?

In den vergangenen 25 Jahren meines Lebens habe ich ungezählte Menschen auf die Sinnfrage ihres Lebens angesprochen, Passanten in der Fußgängerzone einer Stadt oder etwa junge Leute im Religionsunterricht einer Schule. Es war auffällig, wie viele keine definitive Antwort geben konnten. Nein, es war geradezu erschreckend. Einige meinten, es gäbe keinen universalen, für alle Menschen gültigen Sinn des Lebens. Sie hielten es mit Beckett,[9] der behauptete, der Sinn des Lebens sei der Un-Sinn. Man könne seinem Leben allenfalls selbst Sinn geben. Manche junge Leute sahen allen Ernstes »Fun« (Spaß) als Sinn und Zweck ihres Daseins an, während ältere Zeitgenossen öfter von »Pflichterfüllung« und »besserer Nachwelt« sprachen.

Natürlich sind diese Umfrageergebnisse nicht repräsentativ. Ich persönlich glaube allerdings, dass die meisten Menschen es zu etwas bringen wollen. Und dann arbeitet man und arbeitet und arbeitet, um es zu was zu bringen – doch vor lauter Arbeit bringt man es zu nichts mehr! Man kommt nicht mehr zu sich selbst.

---

8 Rudolf Otto Wiemer, *Zeitsätze*, in: Krusche, Dietrich & Krechel, Rüdiger, *Anspiel. Konkrete Poesie im Unterricht Deutsch als Fremdsprache*, Bonn: Inter Nationes.

9 Samuel Barclay Beckett, irischer Schriftsteller (1906-1989).

Man findet keine Zeit mehr für Mitmenschen – und erst recht nicht für Gott. Äußerlich betrachtet stellen sich vielleicht messbare materielle Erfolge ein. Die Autos werden größer, die Urlaubsziele weiter. Aber ist Wohlstand der Sinn des Lebens?

Reichtum ist nicht gleich Reichtum

Ich hörte von acht Männern, die sich 1928 in einem großen Hotel in Chicago trafen. Diese Super-Reichen kontrollierten damals mehr Kapital als das amerikanische Schatzamt. Doch man sollte ein Menschenleben niemals aus der Mitte beurteilen, sondern vielmehr vom Ende her. Die Bibel sagt: *»Ihr Ende schaut an …«* (Hebräer 13,7). Das Ende jener acht Männer sah wie folgt aus: Einer starb zahlungsunfähig im Ausland, ein anderer lebte am Ende von geborgtem Geld, ein Dritter musste von einer Haftstrafe begnadigt werden, um zu Hause sterben zu können, und der Vierte starb im Knast. Das sind 50 Prozent. Und die anderen vier? Die setzten ihrem Leben durch Selbstmord ein Ende.
Wenn ich mir diese Bilanz vor Augen führe, kann ich nur sagen: »Arme, arme reiche Leute!« Es gibt Millionäre in unserem Land, mit denen ich um nichts in der Welt tauschen möchte. Ob ein Leben wirklich reich ist, erkennt man doch nicht am Swimmingpool oder an Perserteppichen, sondern wenn es in die Krisen hineingeht, besonders in die Krise aller Krisen: die Todeskrise. Doch da ist bei vielen nur Bettelarmut, ein Resignieren, ein Aufbäumen, ein Fluchen oder bloß ein Verstummen.

Die Frage nach dem ewigen Leben

Ich meine, wir können von dem jungen Mann lernen, der zu Christus kam. Er war reich; er hatte viele Güter. Und trotzdem fragte er nach dem ewigen Leben? Offensichtlich hatte er gemerkt, dass materieller Besitz den Durst seiner Seele nicht stillen konnte. Die Bibel sagt: *»Was hülfe es dem Menschen, wenn er die ganze Welt gewönne und nähme doch Schaden an seiner Seele?«* (Matthäus 16,26).

Gott hat *»Ewigkeit in unser Herz gelegt«* (Prediger 3,11). Das ist der eigentliche Grund, warum wir Geschöpfe mit diesseitigen, vordergründigen, vergänglichen Dingen nicht zu befriedigen sind. Jesus Christus allein kann den Durst Ihrer Seele wirklich stillen. Er lädt heute wie damals Menschen zu sich ein: *»Kommt her zu mir, alle ihr Mühseligen und Beladenen, und ich werde euch Ruhe geben«* (Matthäus 11,28).

Warum kann nur Christus unsere Sinnfrage lösen?

Bis zu seiner Auferstehung war der Friedhof die Endstation. Der Sinn musste in diesem irdischen Leben gesucht werden. Doch Jesus Christus durchbrach mit seiner Auferstehung die Schallmauer des Todes. Er riss den Horizont der Gräber auf. Paulus drückt es so aus: *»Jesus Christus, der den Tod zunichte gemacht, aber Leben und Unvergänglichkeit ans Licht gebracht hat durch das Evangelium«* (2. Timotheus 1,10). Seither ist für jeden Menschen ein sinnerfülltes Leben möglich. Die Bibel sagt uns, woher wir kommen, wohin wir gehen und wozu wir hier auf der Erde sind: Jeder erlöste Mensch kann mit und für Gott leben. Diese biblische Perspektive gibt jedem Menschenleben Wert. Ein Behinderter kann ebenso für Christus leben wie ein Topmanager. Der Sohn Gottes kann und will auch Ihrem Leben Sinn geben. Sein Kreuz und seine Auferstehung sind die zentralen Ereignisse der Geschichte. Vertrauen Sie seinen Worten. Machen Sie ihn zum Mittelpunkt Ihres Lebens.

Die Frage nach der Schuld

Der junge Mann stellte eine wunderbare Frage; aber dennoch schwang hier ein negativer Klang mit: *»Lehrer, was soll ICH Gutes tun ...?«* Er wollte sich also den Himmel verdienen. Noch ein paar mehr Gebete, noch etwas mehr Hilfsbereitschaft, noch etwas mehr spenden – und dann wird Gott schon zufrieden sein. Seien wir ehrlich: Der Verdienstgedanke ist uns gefallenen Menschen angeboren, und er wird durch unsere Leistungsgesellschaft noch gefördert.
Jesus Christus antwortete sehr schroff: *»Einer ist der Gute.«* Damit meinte er Gott, seinen Vater im Himmel. Das bedeutet: Kein Mensch ist von Natur aus gut! An dieser Stelle muss nun jeder eine Grundentscheidung treffen: Will ich den Humanisten Glauben schenken, die schon seit alters verkünden, der Mensch habe einen guten Kern? Will ich den Einflüsterungen meines eigenen Herzens glauben, das mir zuflüstert, ich sei in Ordnung? Oder bin ich bereit, Gott recht zu geben? Sein Wort sagt mit aller Deutlichkeit:

»... das Sinnen des menschlichen Herzens ist böse von seiner Jugend an ...« (1. Mose 8,21);
»Da ist kein Gerechter, auch nicht einer ... da ist keiner, der Gutes tut, da ist auch nicht einer« (Römer 3,10+12);
»Denn das Gute, das ich will, übe ich nicht aus, sondern das Böse, das ich nicht will, das tue ich« (Römer 7,19).
Wer ehrlich gegen sich selbst ist, der wird eines Tages feststellen, dass auch seine edelsten Werke von der Sünde des Stolzes befleckt sind. Als Martin Luther zu dieser Erkenntnis kam, da dichtete er:
»Mein' guten Werk, die galten nicht; es war mit ihnen verdorb'n.
Der frei' Will' hasste das Gericht und war zum Gut'n erstorb'n.«
Der Heiland wollte dem Jüngling helfen. Er sah ihn an und liebte ihn, heißt es in der Parallelstelle im Markusevangelium. Doch wie konnte er ihm zeigen, dass sein Leben voller Schuld war?

Der Spiegel der Gebote

Es gibt einen unbestechlichen Röntgenschirm, der uns stolzen Menschen zeigen kann, wie wir in Wirklichkeit vor Gott dastehen: Gottes Gebote offenbaren seinen heiligen Maßstab. Darum hielt Christus seinem Gesprächspartner den Spiegel des göttlichen Gesetzes vor. Schauen Sie einmal mit mir in diesen Spiegel?
6. Gebot: *»Du sollst nicht töten.«* Viele Menschen erwidern sofort: »Ich habe niemanden umgebracht.«

Dann antworte ich: *»Wirklich nicht?«* Die Bibel sagt: *»Jeder, der seinen Bruder hasst, ist ein Menschenmörder ...«* (1. Johannes 3,15). Und was ist mit den Hunderttausenden von Abtreibungen pro Jahr? Da kann ich nicht ausschließen, dass einer meiner Leser Schuld auf sich geladen hat – auch wenn er jemanden zu dieser Tat gedrängt hat.

7. Gebot: *»Du sollst nicht ehebrechen.«* Hier ist nicht nur der buchstäbliche Ehebruch gemeint. Sünde beginnt bereits im Herzen. In der Bergpredigt heißt es: *»Ich aber sage euch, dass jeder, der eine Frau ansieht, sie zu begehren, schon Ehebruch mit ihr begangen hat in seinem Herzen«* (Matthäus 5,28). Dieses Gebot verurteilt fast alle Männer – mich eingeschlossen – und auch viele Frauen. Aber es geht noch weiter. Gott bezeichnet hier also auch den Konsum pornographischer Bilder, Bücher und Filme als Sünde. Wer vor oder neben der Ehe ein sexuelles Verhältnis eingeht, der sündigt ebenfalls. Auch praktizierte Homosexualität entspricht niemals dem Willen Gottes (Römer 1,24-27). Der Spiegel ist unbestechlich.

8. Gebot: *»Du sollst nicht stehlen.«* Diese Anweisung betrifft nicht nur Ladendiebstahl oder Bankraub. Darunter fällt auch Schwarzarbeit gleichermaßen wie Steuerhinterziehung. Der Gebrauch von Computerprogrammen ohne Lizenz ist letztlich ebenso Diebstahl.

9. Gebot: *»Du sollst nicht falsches Zeugnis geben.«* Wie viele Lügen kommen im Laufe eines Lebens über die Lippen eines Menschen, wie viele Halbwahrheiten und Notlügen? Manche leben sogar in einer Art Lebenslüge. Lügen ist Sünde. Überdies bringt uns »falsches

Zeugnis« immer in die Nähe des Teufels, den die Bibel als *»Vater der Lüge«* bezeichnet (Johannes 8,44).
4. Gebot: *»Ehre den Vater und die Mutter.«* Das in Hebräisch geschriebene Alte Testament drückt es so aus: *»Lass dir Vater und Mutter schwer werden.«* Was bedeuten Ihnen Ihre Eltern? Oder wie wollen Sie ein böses Wort wiedergutmachen, das Sie einmal gegenüber Ihrer Mutter geäußert haben? Leben heißt Zeichnen ohne Radiergummi. Jeder Strich bleibt.
Und dann fasst der Sohn Gottes diese fünf Gebote, die allesamt die zwischenmenschlichen Beziehungen betreffen, in einem Satz zusammen: *»Du sollst deinen Nächsten lieben wie dich selbst.«*
Jesus Christus will uns helfen – uns heute ebenso wie dem jungen Juden damals. Seine Worte schmerzen. Aber sie sind wahrhaftig. Sind Sie bereit, sich unter Gottes heilige Norm zu beugen? Oder lehnen Sie seine Diagnose ab? Wie einmal jemand feststellte: *»Die Wahrheit ist ein bittrer Trank, und wer sie sagt, hat selten Dank; und mancher Leute kranker Magen kann sie nicht mal verdünnt vertragen.«* Wohin mit der Schuld?

Jesus Christus hat auch die Schuldfrage gelöst

Waren Sie dabei, als man den Herrn der Herrlichkeit kreuzigte? Sie denken: Wie soll ich dabei gewesen sein? Das alles ist vor fast 2000 Jahren auf einem anderen Kontinent geschehen. – Und doch sind Sie und ich dabei gewesen. Wir waren dabei in den Nägeln, die man durch seine Hände und Füße getrieben hat. Wir waren dabei in der Dornenkrone, die man auf seinen Schädel gepresst hat. Und schließlich waren wir dabei in dem höhnischen Geifern der Menge, die geschrien hat: *»Kreuzige, kreuzige, kreuzige ihn!«* Wir waren dabei mit der Schuld und Sünde unseres Lebens! Als Paul Gerhardt, der Liederdichter, Christus zum ersten Mal mit geöffneten Augen am Kreuz hängen sah, da wusste er: Nicht die Römer haben ihn an dieses Kreuz geschlagen und nicht die Juden – sondern: *»Ich, ich und meine Sünden, die sich wie Körnlein finden des Sandes an dem Meer, die haben dir erreget, das Unheil, das dich schläget und das betrübte Marterheer.«* Seit Jesus Christus am Kreuz ausrief: *»Es ist vollbracht!«*, klingt quasi unablässig der Satz in diese Welt: *»Ich will dir deine Schuld vergeben.«*

Schenkende Gerechtigkeit

Auf dem Hügel Golgatha geschah etwas Einmaliges: Gottes fordernde Gerechtigkeit, die wir oben beim Blick in den Spiegel kennengelernt haben, wandelte sich in eine schenkende Gerechtigkeit. Wenn Sie bildlich gesprochen »unter das Kreuz« treten, Ihre Schuld eingestehen und Ihr ganzes Vertrauen auf dieses vollbrachte Werk Christi setzen, dann wird Gott Ihnen Ihre Sünden vergeben (1. Johannes 1,9). Gott wird Sie »rechtfertigen«, d.h. gerecht sprechen. Er wird Sie »begnadigen«. Er wird Sie passend für den Himmel machen. Jesus Christus, der Sohn Gottes, hat Ihre Schuldfrage einzigartig, unvergleichlich und für immer gelöst!

Martin Luther soll einmal gesagt haben: *»Zwei Orte hat die Sünde: Entweder sie liegt auf Christus, oder sie hängt an deinem Halse und zieht dich ins Verderben.«* Darf ich Sie an dieser Stelle persönlich fragen: Wissen Sie, ob die Schuld Ihres Lebens getilgt ist?

Kein Happy End – oder doch?

Bisher stellte der junge Mann die Fragen – nun fragt Christus ihn: *»Willst du vollkommen sein ...?«* »Vollkommen sein« bedeutet in der Bibel nicht »perfekt sein« oder »ohne Fehler sein«, sondern mit allen Fehlern und Sünden Christus, dem Vollkommenen, zu gehören! Das wird einmal die entscheidende Frage in Ihrer Sterbestunde sein – nicht, wie viel Ihnen gehört, sondern wem Sie gehören. Gehört Ihr Leben dem Herrn Jesus? Wenn nicht, dann schenken Sie sich ihm doch – mit Vergangenheit, Gegenwart und Zukunft. Vertrauen Sie ihm Ihr Leben an (Johannes 1,12-13). Lassen Sie ihn Herr über Ihr Leben sein und folgen Sie ihm nach!

Der Jüngling dachte, er habe alle Gebote Gottes gehalten. Am Schluss wird klar, dass er nicht mal das 1. Gebot gehalten hatte: *»Ich bin der Herr, dein Gott ... Du sollst keine anderen Götter neben mir haben«* (2. Mose 20,2-3). Er liebte seinen Besitz mehr als Gott. Natürlich dürfen Christen Güter besitzen. Aber die Frage ist, ob Gott an erster Stelle steht oder das Materielle.

Der junge Mann schlich sich traurig davon. Es ist eigenartig: Er war an der richtigen Adresse (bei Christus), er stellte die richtige Frage (nach dem ewigen

Leben), er bekam die richtige Antwort – aber er traf die falsche Entscheidung! Er ging letztlich ohne den Heiland weg. Ohne Christus ist jede Sekunde unseres Lebens eine Sekunde im Verlorensein. Aus Sekunden werden Minuten, Stunden, Tage, Wochen, Monate und schließlich Jahre. Aus verlorenen Jahren kann ein verlorenes Leben werden, und aus einem verlorenen Leben wird immer – ob Sie wollen oder nicht – eine verlorene Ewigkeit.

Aber genau das darf Ihnen nicht passieren. Darum dieses Buch, darum dieses Kapitel. Jesus Christus hat durch seinen Tod am Kreuz Ihre Schuldfrage gelöst. Er hat durch seine Auferstehung Ihre Sinnfrage beantwortet. Nun kommt alles darauf an, dass Sie Ihre Heilsfrage lösen. Kehren Sie von Ihrem falschen Weg um – sei es ein religiöser oder ein gottloser Weg – und binden Sie Ihr Leben an den Herrn Jesus Christus. Dann wird es ein Happy End geben. Er hat Leben im Überfluss versprochen (Johannes 10,10). Mit weniger sollten Sie sich nicht zufriedengeben.

Findet die Zukunft doch statt?

»Und wie es in den Tagen Noahs geschah, so wird es auch sein in den Tagen des Sohnes des Menschen: sie aßen, sie tranken, sie heirateten, sie wurden verheiratet bis zu dem Tag, da Noah in die Arche ging und die Flut kam und alle umbrachte. Ebenso auch, wie es geschah in den Tagen Lots: sie aßen, sie tranken, sie kauften, sie verkauften, sie pflanzten, sie bauten; an dem Tag aber, da Lot von Sodom ausging, regnete es Feuer und Schwefel vom Himmel und brachte alle um. Ebenso wird es an dem Tag sein, da der Sohn des Menschen geoffenbart wird. An jenem Tag – wer auf dem Dach sein wird und sein Gerät im Haus hat, der steige nicht hinab, um es zu holen; und wer auf dem Feld ist, wende sich ebenso wenig zurück. Gedenkt an Lots Frau! Wer sein Leben zu retten sucht, wird es verlieren; und wer es verliert, wird es erhalten. Ich sage euch: In jener Nacht werden zwei auf einem Bett sein; einer wird genommen und der andere gelassen werden. Zwei werden zusammen mahlen, die eine wird genommen, die andere gelassen werden.«

(Lukas 17,26-35)

In einer deutschen Großstadt stand mit einer Spraydose an die Wand gesprüht: *»An die Zukunft denken – Särge schenken!«* Viele junge Menschen sagen: *»Haltet die Welt an; wir wollen aussteigen!«* Die Lebensphilosophie der Punk-Rock-Generation lautet: No future! Keine Zukunft. Wenn es für morgen keine Hoffnung gibt, dann ist auch das Heute sinnlos.

Es wird dunkler in unserer Welt. Der grenzenlose Zukunftsoptimismus ist gewichen. Nüchternheit, Besorgnis und Angst haben sich breit gemacht. Rohstoffverknappung, Umweltverschmutzung, das Ozonloch, die Bevölkerungsexplosion, Erdbeben und Hungerkatastrophen geben Anlass zu einer düsteren Perspektive. Die Bibel drückt es so aus: *»Die Nacht ist vorgedrungen, der Tag aber nahe herbeigekommen.«* Je dunkler es also in dieser Welt wird, desto mehr erheben wahre Christen ihre Häupter, weil sie wissen, dass ihre Erlösung naht. Jesus Christus wird wiederkommen! Über dreihundert Mal ist im Neuen Testament von der Wiederkunft Jesu die Rede. Das ist also eine der Hauptbotschaften des Neuen Testaments.

Nun können manche Zeitgenossen kaum glauben, dass Christus damals auf die Erde kam, und solche Menschen haben natürlich enorme Schwierigkeiten, wenn sie hören, dass er wiederkommen wird. Und sie fragen: *»Moment mal, gibt es denn dafür irgendwelche Anzeichen?«* Oh ja, die gibt es. Ich will in einem ersten Gedankengang einige aufzählen.

1. Vor der sichtbaren Wiederkunft Jesu Christi wird die religiöse Verführung stark zunehmen

Falsche Heilsgestalten und falsche Heilsangebote verführen heute Unzählige. Viele Zeitgenossen lassen sich von Yoga, Transzendentaler Meditation (TM) und Gruppendynamik faszinieren. Andere suchen ihr Heil in der Anthroposophie Rudolf Steiners, und wieder andere fahren auf die schillernden Angebote der

New-Age-Philosophie ab. Doch alle diese Angebote sind letztlich falsche Wege, weil sie das Hauptproblem unseres Lebens nicht aus der Welt schaffen können, nämlich die Schuld. Das bekannte sogar der deutsche Dichter Schiller: *»Der Übel größtes ist die Schuld.«*
Die Bibel warnt vor der Verführung. Paulus schreibt: *»Lasst euch von niemand auf irgendeine Weise verführen ...!«* (2. Thessalonicher 2,3) – ich füge hinzu: auch nicht von den vielen Sekten. Man kann sie eigentlich recht einfach erkennen:

- Neben der Bibel haben sie immer noch zusätzliche Offenbarungen.
- Neben Jesus Christus haben sie immer noch andere Heilsgestalten.
- Neben ihnen jedoch ist und hat niemand recht (nur in ihrer Organisation kann man in den Himmel kommen).

2. Das zweite Kennzeichen vor der Wiederkunft Jesu wird ein totaler Materialismus sein

Die Menschen werden nur noch im Sichtbaren leben, im Vordergründigen, im Vergänglichen. Christus selbst sagte voraus: Es wird sein wie zur Zeit Noahs und Lots. Die Bibel sagt, dass die Menschen zur Zeit Noahs nur noch »Fleisch« waren. Das heißt, sie hatten eine materialistische, horizontale Lebensweise. Sie waren nur noch aufs Diesseits ausgerichtet: möglichst wenig arbeiten, möglichst viel verdienen, möglichst viel Freizeit und möglichst viel Vergnügen.

Und wenn Noah ihnen predigte: *»Gott ist heilig. Er wird Gericht senden. Kehrt um und gebt ihm die Ehre!«*, dann sagten sie: *»Ein Meter achtzig tief, und dann ist alles aus. Es ist noch keiner zurückgekommen. Lustig gelebt und selig gestorben, das heißt dem Teufel das Handwerk verdorben. Gericht soll kommen? Quatsch, der liebe Gott ist nicht so streng, wie manche Prediger immer sagen.«* Und Gott? Gott kam in ihrem Leben überhaupt nicht mehr vor. Das eigene Ich hatte seinen Platz eingenommen. Verstehen Sie mich bitte nicht falsch. Natürlich hat der Mensch Bedürfnisse. Aber zur Zeit Noahs wurde nur noch gegessen, nur noch getrunken und nur noch geheiratet. Das ist Materialismus pur!

Im ersten Jahrzehnt des dritten Jahrtausends sieht es in der Bundesrepublik Deutschland nicht wesentlich anders aus. Nicht wenige Zeitgenossen leben nach den fünf großen »F«: Feierabend, Filzpantoffel, Fernsehen, Flaschenbier, Fußball.

Alexander Solschenizyn, der russische Nobelpreisträger, schrieb: *»Wir stehen am Rande eines großen historischen Zusammenbruchs, einer Flut, die die gesamte Zivilisation verschlingen wird ... Die moderne Gesellschaft ist hypnotisiert. Sie lebt in Selbstbetrug und Illusion und hat den Sinn für Gefahren verloren. Gebunden an den Materialismus, betet sie die Produkte des Wohlstands und der Vergnügungen an. Darum ist sie nicht mehr fähig wahrzunehmen, was immer schneller auf sie zukommt.«*

Möchten Sie wissen, wie Noah damals vor der materialistischen Lebensweise bewahrt blieb? Während ringsherum alle nach der Philosophie lebten: *»Schaffe, schaffe, Häusle baue und trotzdem nach de Mädle schaue«*, und auch ansonsten machten, was sie wollten, tat Noah alles, was Gott ihm gebot. Und Gott gab ihm einen gewaltigen Auftrag: Noah baute die Arche, den ersten Ozeanriesen. Circa 150 m lang, 25 m breit, 15 m hoch. Man war übrigens erst wieder im 19. Jahrhundert in der Lage, ein annähernd großes Schiff zu bauen. Die Arche war wirklich ein Jahrhundertwerk. Zwar hatte Noah weder von Statik noch von Schiffbau Ahnung. Aber er glaubte und gehorchte. Noah tat alles, was Gott ihm gebot; und zwar bis in die Einzelheiten.

Ich hörte einmal, wie jemand sich die Szene bildhaft ausmalte. Als Noah mit seinen Söhnen die ersten Bäume fällte, kamen die Skeptiker und fragten: *»Tag, Herr Noah, was machst du denn hier?« – »Wir bauen ein Schiff.« – »Was, auf dem Trockenen? Gibt das ein Trockendock? Warum nimmst du nicht wenigstens richtige deutsche Eiche?« – »Nein, Tannenholz. Gott hat's gesagt!«*

Dann kamen die Rationalisten: *»Wo ist denn das Steuer?« – »Gibt's nicht«*, antwortete Noah. *»Was? Bist du wahnsinnig? Ein Schiff ohne Steuer?«* Aber Noah tat alles, was Gott ihm gebot. Als Nächstes erschienen die Humanisten: *»Was sagst du, Noah? Die Welt wird untergehen? Quatsch. Ein bisschen mehr Bildung. Ein bisschen mehr Goethe usw.«* Noah tat alles, was Gott ihm gebot. Eines Tages war das Schiff fertig. Noah und seine Familie brachten die Tiere in die Arche. Da kamen die letzten Spötter: *»Jetzt haben wir's kapiert. Du machst hier einen Zoo auf und willst Eintritt kassieren.«* Noah ließ sich nicht beirren. Er tat alles, was Gott ihm gebot.

Genau auf dem gleichen Weg können Sie heute die Anfechtung des Materialismus überwinden: Wenn Sie Ihr Leben völlig dem Sohn Gottes weihen, indem Sie sagen: *»Mein Leben soll jetzt Gott gehören; meine Zeit, mein Geld, meine Kraft, meine Gaben, alles, alles soll jetzt dem Herrn geweiht sein«*, und wenn Sie beginnen, nach dem Reich Gottes und nach seiner Gerechtigkeit zu trachten, dann wird Ihr Leben reich werden und zwar in einer Weise, wie Sie es jetzt gar nicht ahnen können.

Zwei zusammenlaufende Linien

In dieser Welt gibt es nicht nur negative Entwicklungen. Mitten in allen Wirren und Verführungen baut der lebendige Gott sein Reich. Christus lehrte seine Jünger in dem bekannten Gleichnis, dass Weizen und Unkraut zur selben Zeit wachsen (Matthäus 13,24-30). In dieser Welt muss alles ausreifen. Das Böse reift aus zum Gericht, aber das Gute reift ebenfalls aus. Zwei Linien laufen zusammen: In der Welt wird es immer finsterer. Der Unglaube nimmt überhand, und alles Antichristliche erhebt sein freches Haupt. Christen erheben jedoch ihre Häupter, weil der Tag der Wiederkunft Jesu naht. Als sich der Herr von seinen Jüngern verabschiedete, sagte er: *»Euer Herz werde nicht bestürzt. Ihr glaubt an Gott, glaubt auch an mich. Im Hause meines Vaters sind viele Wohnungen ... Und wenn ich hingehe und euch eine Stätte bereite, so komme ich wieder und werde euch zu mir nehmen, damit auch ihr seid, wo ich bin«* (Johannes 14,1-3). Christen werden also nicht *aufs* Jenseits vertröstet, sondern sie werden *aus dem* Jenseits getröstet. Das ist die Hoffnung der wahrhaft Gläubigen. Christen sind Kinder der Hoffnung.

Ist wirklich alles aus?

In öffentlichen Vorträgen wende ich mich manchmal direkt an Gottesleugner: *»Meine lieben Freunde Atheisten, welche Hoffnung habt denn ihr? Für euch ist doch mit dem Tod alles aus. Vielmehr: Es muss alles aus sein, weil es sonst ein böses Erwachen gäbe. Aber ihr irrt, weil ihr die Schrift nicht kennt noch die Kraft Gottes. Tatsächlich ist mit dem Tod nicht alles aus, sondern nur manches: Dort, wo du dann bist, wird man nicht mehr für dich beten, dort wirst du keine Bibel mehr lesen können, dort wird man dich nicht mehr in lästige Veranstaltungen einladen, dort gibt es keine Vergebung der Sünden mehr, dort wirst du dich nicht mehr bekehren können, und dort gibt es tatsächlich keine Errettung mehr!«*

Hier ist Saatzeit – dort ist Erntezeit! Christen werden dort sehen, was sie geglaubt haben. Das wird herrlich sein. Atheisten werden jedoch sehen, was sie nicht geglaubt haben – und das wird schrecklich sein. Darum sind die Informationen der Bibel über die zukünftigen Dinge immer zugleich ein ganz starker Ruf zur Umkehr. Das Neue Testament lehrt: *»Und wie es den Menschen gesetzt ist, einmal zu sterben* (hier steht im Griechischen das Zahlwort *einmal*, das heißt: Es gibt keine Reinkarnation!), *danach aber das Gericht, so wird auch der Christus, nachdem er einmal geopfert worden ist, um vieler Sünden zu tragen, zum zweiten Male ohne Beziehung zur Sünde denen zum Heil erscheinen, die ihn erwarten«* (Hebräer 9,27-28).

Christus erwarten

Sagen Sie: Warten Sie auf Christus? Gehört Ihr Leben wirklich ihm? Freuen Sie sich auf sein Kommen? Oder fürchten Sie sich davor? Wenn Sie jetzt mal ganz ehrlich wären vor sich selbst und vor Ihrem Gott, dann könnte Ihnen geholfen werden. Stellen Sie sich einmal vor, Jesus Christus käme heute noch wieder. Begleitet von Millionen von Engeln, sein Angesicht leuchtend wie die Sonne, die Füße wie glühendes Erz, stünde er vor Ihnen. Würde er Sie als sein fröhliches Eigentum mit in die vorbereiteten Wohnungen nehmen können? Oder müsste er Sie als ungläubigen und/oder selbstgerechten Menschen zurücklassen und verwerfen? Sie können sich selbst in Ihrem Herzen die Antwort geben.

Christen sind echte »Adventisten«, d.h. Menschen, die auf eine Ankunft warten. Sie leben nicht mehr im Morgengrauen des Jüngsten Gerichts, sondern im Morgenglanz der Ewigkeit. Jesus Christus kommt wieder. Die Herren dieser Welt gehen; unser Herr kommt!

Wenn der Sohn Gottes erscheint, dann wird er seine Gemeinde zu sich in den Himmel holen. Zuerst werden die bereits verstorbenen Christen auferstehen, und dann wird der Herr die zu jener Zeit lebenden Christen in einem Augenblick verwandeln und zu sich nehmen. Das bedeutet: Es wird eine Gemeindegeneration geben, die nicht sterben wird, sondern lebend von dieser Erde weggenommen wird. Das könnte in der unsrigen Generation geschehen. Ist das nicht atemberaubend? Aber es werden nicht die Namenschristen sein, nicht die Traditionschristen ohne Leben aus Gott, sondern die, die ihm in Abkehr von der Sünde ihr Leben geschenkt haben; bekehrte Menschen, die Vergebung ihrer Schuld erlebt haben, deren Namen im Buch des Lebens stehen.

Die große Scheidung

Werden Sie dabei sein? Oder spielen Sie nur ein frommes Spiel? Ich möchte Ihnen persönlich bekennen: Ich freue mich auf diesen Tag. Wissen Sie warum? Seit mehr als 25 Jahren lebe ich im Glauben an Jesus Christus. Seit meiner Hinwendung zu ihm habe ich täglich Zeit im Gespräch mit ihm verbracht. Ich habe mich viel mit ihm beschäftigt; ich habe ihn lieb gewonnen als meinen besten Freund. Ja, er ist mein Leben geworden. Ich habe meinen früheren Beruf und manche Freunde aufgegeben – um seinetwillen. Denn was er mir geschenkt hat, ist unendlich viel mehr.
Doch ich habe ihn noch nie gesehen. Ich habe eine Art von »Telefon-Verlöbnis« mit ihm. Meinen Sie nicht,

dass ich mich freue, ihn endlich von Angesicht zu Angesicht kennenzulernen? Den, welchen meine Seele liebt? Ich liebe meine Frau und meine Kinder. Ich stehe auch gerne in meiner Arbeit. Aber wenn er kommt, dann will ich sofort alles hinter mir lassen und zum Leben eingehen.

Wie steht es mit Ihnen? Wollen Sie nicht dabei sein an jenem Tag? Oder wollen Sie in ein Nachtgrauen ohne Morgenrot gehen? Jesus Christus sagt sinngemäß: *»In jener Nacht ... werden zwei zusammen in einer Mühle mahlen* (oder in irgendeiner Firma arbeiten …)*, die eine wird angenommen, die andere gelassen werden ... in jener Nacht werden zwei auf einem Bett sein, einer wird angenommen und der andere gelassen werden ...«*

Wissen Sie, was das heißt? Wenn Jesus Christus zur Entrückung seiner Gemeinde kommen wird, dann werden Spreu und Weizen voneinander getrennt. Dann geht der Riss mitten durch die Gesellschaft hindurch, mitten durch die Familien, ja sogar mitten durch die Ehen! Der Sohn Gottes holt seine Gemeinde in den Himmel. Die Gläubigen werden für immer am Ziel sein. Das weltgeschichtlich sicherste Datum der Zukunft ist die Wiederkunft Jesu Christi. Auf der Erde zurück bleibt eine ungläubige Menschheit, die den Gerichten der antichristlichen Drangsalszeit entgegengeht.

Gerettet oder verloren?

Als im April 1912 der Luxusliner »Titanic« vor Neufundland auf einen Eisberg gelaufen und binnen kurzer Zeit gesunken war, wurde die Nachricht erst am folgenden Tag in England bekannt. Vor dem Reederei-gebäude in Liverpool versammelten sich die Angehörigen. An der Frontseite des Gebäudes wurden zwei große Tafeln angebracht. Von Zeit zu Zeit kamen Mitarbeiter heraus und hefteten Namenszettel auf eine der beiden Tafeln. Und je nachdem, auf welche Seite die Namen geheftet wurden, gab es in der Menge Jubel, Freudentränen, Umarmungen – oder aber lähmendes Entsetzen und Verzweiflung. Denn über der einen Tafel stand *»Saved«* (Gerettet) und über der anderen *»Lost«* (Verloren).

Ich bin davon überzeugt, dass eines dieser beiden Worte auch einmal über unserem Leben stehen wird. Nicht arm oder reich, nicht gesund oder krank, nicht evangelisch oder katholisch – sondern gerettet oder verloren. Darum eilen Sie und retten Sie Ihre Seele! Es ist höchste Zeit, dass Sie umkehren. Glauben Sie Gottes Wort, und nehmen Sie Jesus Christus als Herrn und Erlöser an. Wenn Gott zu Ihnen geredet hat, dann geben Sie ihm Antwort. Morgen ist das Modewort des Teufels. Jesus Christus sagt: *»Ich muss heute in deinem (Lebens)Haus einkehren.«*

Christsein – was heißt das?

»Jeder, der glaubt, dass Jesus der Christus ist, ist aus Gott geboren ... Wer den Sohn hat, hat das Leben; wer den Sohn Gottes nicht hat, hat das Leben nicht.«

(1. Johannes 5,1 und 12)

Wer ist ein Christ? Da gibt es eine landläufige Meinung, die besagt: Christ ist der, der getauft ist, der in die Kirche geht und seine Kirchensteuer bezahlt. Das ist natürlich eine mehr oder weniger verschwommene Angelegenheit. Wenn wir jetzt fragen würden: *»Was ist eine Ärztin? Oder was ist ein Automechaniker?«*, dann würde uns die Definition wahrscheinlich kaum Schwierigkeiten bereiten. Bei der Frage *»Was bedeutet Christsein?«* sieht es offensichtlich anders aus. Aber kann ich etwas leben, das ich nicht erklären kann? Kann ich etwas leben, das ich gar nicht kenne?

Stellen Sie sich bitte einmal vor, Sie müssten sich einer Zahnbehandlung unterziehen. Und nach einigen schmerzhaften Sitzungen würde der Zahnarzt feststellen, dass er den falschen Zahn behandelt hat. Da käme Freude auf, oder? Nun, ein falsch behandelter Zahn ist nicht lebensgefährlich. Aber wir alle wissen, dass Fehldiagnosen in anderen Bereichen schon manchen Menschen das Leben gekostet haben. Eine falsche Vorstellung vom »Christsein« kann einen Menschen davon abhalten, das wirkliche Christsein zu finden, und das würde bedeuten, vergebens gelebt zu haben. Schlimmer noch. Wenn »Christsein« falsch verstanden wird, kann dies Menschen sogar um das ewige Leben, um die ewige Gemeinschaft mit Gott bringen. Und das darf nicht passieren. Vielleicht ist es hilfreich, wenn wir zunächst einmal umgekehrt fragen:

Christsein – was heißt das nicht?

Ist man Christ, wenn man sonntags einen Gottesdienst besucht?
Nein, der Gottesdienstbesuch macht keinen Menschen zum Christen. Aber alle wahren Christen auf der Welt haben das Verlangen, sonntags einen Gottesdienst zu besuchen. Nicht, weil sie das zum Christen macht, sondern weil sie in einem christlichen Gottesdienst Gottes Wort hören können, Begegnungen mit anderen Christen haben können und ihre Gaben zum Nutzen anderer einbringen können. Aber man ist nicht Christ, weil man ab und zu – oder sogar regelmäßig – einen Gottesdienst besucht.

Ist man Christ, wenn man formal zu einer Kirche oder zu einer anderen christlichen Gruppe gehört?
Nein, aber alle wahren Christen werden sich nach einer gewissen Zeit aus Überzeugung einer christlichen Gemeinde anschließen. In der Bundesrepublik gehören immer noch etwa 75 Prozent der Bevölkerung einer Kirche an. Doch wie viele von ihnen haben nur *den Namen* eines Christen, aber nicht *das Leben* eines Christen? Wer darum Christsein mit Kirche oder Kirchlichkeit gleichsetzt, der hat eine gefährliche Fehldiagnose gestellt.

Ist man vielleicht Christ, wenn man sich bemüht, ein hilfsbereiter und korrekter Mensch zu sein, der viele gute und möglichst selbstlose Taten vollbringt und sich möglichst nichts zuschulden kommen lässt und versucht, mit allen Menschen gut auszukommen?

Nein, auch das trifft es nicht. Aber jeder wahre Christ wird das aufrichtige Anliegen haben, vor Gott und Menschen ein gutes Gewissen zu haben und mit allen Mitmenschen in Frieden zu leben, soweit es an ihm liegt. Ein Christ möchte allen Menschen in Achtung und Liebe begegnen, egal welche Rasse, Nation, Kultur, Religion oder Weltanschauung sie haben. Doch nicht diese Einstellung macht ihn zum Christen, sondern umgekehrt: Weil er Christ ist, lebt er nach dieser Einstellung. Das ist ein großer Unterschied! Und selbstverständlich wird sich jeder wahre Christ bemühen, ein barmherziger Mensch zu sein, der anderen hilft, wo immer er kann. Nur können wir wirklich jeden Menschen, der diese Eigenschaften aufweist, als Christ bezeichnen? Ich jedenfalls habe Leute kennengelernt, die diese Tugenden aufwiesen, sich aber selbst ganz bewusst als Atheisten und Gottesleugner verstanden. So einfach ist das also nicht.

Lassen Sie mich noch eine weitverbreitete Ansicht erwähnen.

Ist man Christ, wenn man nach den Prinzipien der Bibel lebt?

Wahrscheinlich kommt dieser Ansatz der Wahrheit am nächsten. Und doch ist ein gefährlicher Haken dran. Ich kann die ethisch-moralischen Grundsätze der Bi-

bel sehr ernst nehmen, das Gebot der Nächstenliebe befolgen, opferbereit sein und mich für die Armen verwenden und doch am wahren Christsein vorbeileben. Das ist schockierend. *Tun* ist noch nicht *Sein*!
Ich habe einmal einen dressierten Affen gesehen. Er hatte Hose und Jacke an, setzte sich eine Mütze auf und aß seine Banane mit Messer und Gabel. Er war auf menschlichen Lebensstil dressiert. Aber war er deshalb ein Mensch? Natürlich nicht. Sehen Sie, so ist auch keiner allein deshalb Christ, weil er einen christlichen Lebensstil praktiziert und nach biblischen Prinzipien lebt. Christsein ist mehr, Christsein ist anders.
Nun, was könnte es sonst noch sein? Der leuchtende Gesichtsausdruck? Konservative Kleidung? Abstinenz in Sachen Alkohol, Nikotin oder Drogen? Engagement gegen soziale Missstände und das Waldsterben? Oder ist man Christ, wenn man mehr als 20 Bibelverse auswendig kann?

Der Kern des Christseins

Ach, wissen Sie, das alles ist schön und gut. Aber es trifft nicht den Kern. Christsein – was heißt das? Wo liegt der Kern? Was ist das Geheimnis eines Christen? Worin unterscheidet er sich *wesentlich* von einem Nichtchristen? Worin unterscheiden sich Verheiratete von Nichtverheirateten? Sicherlich in vielen äußeren Dingen. Die einen tragen einen Ring, die anderen vielleicht nicht. Die einen haben weniger Abzüge auf der Steuerkarte, die anderen mehr. Die einen haben ein gemeinsames Haus, die anderen vielleicht nicht. Ist das der Kern? Wenn es intakte Ehen sind, dann unterscheiden sie sich meiner Ansicht nach in folgenden wesentlichen Dingen: Die beiden lieben und vertrauen sich, und sie sind einen Bund miteinander eingegangen. Ehe ist personhafte Bindung.

Und genau das ist der entscheidende Punkt beim Christsein. Christsein ist personhafte Bindung an Jesus Christus, eine willentliche Lebensgemeinschaft mit Christus. Johannes, der Augenzeuge des Lebens Jesu, schreibt in seinem Brief an Christen des 1. Jahrhunderts: *»Jeder, der glaubt, dass Jesus der Christus ist, der ist aus Gott geboren ...«*

Neben der irdischen Geburt, des Einstiegs in diese Welt, muss es also zu einer geistlichen Geburt, zum Einstieg in Gottes Welt kommen. Und das geschieht durch Glauben. Auf den Glauben kommt es an.

Ein Christ ist ein Glaubender, einer, der Gott Vertrauen schenkt. Glauben heißt Vertrauen! Ist bei uns Glauben vorhanden? Denn wenn kein Glauben vorhanden ist, dann kann alles andere stimmen, aber wir sind trotzdem nicht wirklich Christen, denn nur durch den Glauben kommen wir in eine persönliche Beziehung zu Gott.

Ein Christ glaubt, und zwar glaubt er an Jesus Christus. Nicht der Glaube als solcher macht mich zum Christen. Denn es gibt Anhänger anderer Religionen, die glauben auch und sind trotzdem keine Christen, sondern es muss der Glaube an Jesus Christus sein. Denn das sagt die Bibel: *»Jeder, der glaubt, dass Jesus der Christus ist, der ist aus Gott geboren ...«*

Gültig oder nicht?

1990 hielt ich Vorträge in Südungarn. Meine Frau begleitete mich. An der Grenze zu Jugoslawien wurden unsere Pässe kontrolliert. Bei Sylvia war alles in Ordnung – bei mir nicht. Ich hatte nicht bemerkt, dass mein Reisepass abgelaufen war. Der Beamte wollte nicht *irgendeinen* Pass sehen, sondern einen *gültigen* Pass! Hätte ich nicht glücklicherweise noch meinen (gültigen) Personalausweis dabeigehabt, hätten wir umkehren müssen. So ging noch einmal alles gut.

Genauso verhält es sich mit dem Glauben. Gott will nicht irgendeinen Glauben – zum Beispiel an das Gute im Menschen oder an ein höheres Wesen –, sondern er will den »gültigen« Glauben sehen: den Glauben an seinen Sohn!

Ein Christ glaubt also an Jesus Christus. Er glaubt, dass Jesus der Christus ist, der Gesalbte, d.h. der von Gott gesandte Retter der Menschen. Es geht also um den Glauben an Jesus als den Gottessohn, als den Mensch gewordenen Gott.

Und es geht um den Glauben an Jesus, den Gekreuzigten. Ein Christ glaubt nicht nur daran, dass die Kreuzigung Jesu eine historische Tatsache ist, sondern er glaubt, dass der Herr Jesus für ihn persönlich und für seine Schuld gestorben ist. Das ist sehr wichtig.

Und ein Christ glaubt an Jesus, den Auferstandenen. Er weiß, dass dieser Jesus gestorben, aber auch auferstanden ist und dass er heute lebt. Er kann durch seinen Geist in mein Leben einkehren und es verändern. Wir haben es nicht mit einem toten, sondern mit

einem lebendigen Christus zu tun. Christentum ist keine Totenverehrung! Christentum ist das Vertrauen auf einen auferstandenen Herrn, der heute sein wunderbares Leben in mir lebt. Es geht also nicht um den Glauben an eine Lehre oder an ein Dogma, sondern um den Glauben an eine Person: Jesus Christus. *»Jeder, der glaubt, dass Jesus der Christus ist, der ist aus Gott geboren ...«*
Leben ist der Beweis dafür, dass einer geboren ist. Als früher die Väter noch vor dem Kreißsaal warten mussten, da warteten sie sehnsüchtig auf den ersten Schrei des Babys. Wenn der ertönte, dann war alles klar. Leben ist der Beweis dafür, dass einer geboren ist. Und das Leben eines Christen ist der Beweis einer Wiedergeburt, da hat Gott etwas Neues werden lassen. Das alte Leben, in dem Christus nicht im Mittelpunkt stand, ist vorüber. Da ist etwas Neues entstanden.
Darf ich Sie an dieser Stelle einmal ganz persönlich fragen: Glauben Sie an Jesus Christus? Vertrauen Sie ihm? Lieben Sie ihn als Antwort auf seine große Liebe am Kreuz? Sind Sie einen Bund mit ihm eingegangen?
Christ wird man nur durch Christus. Weder durch ein kirchliches noch durch ein freikirchliches Zeremoniell, sprich: weder durch Kindertaufe noch durch Erwachsenentaufe; weder durch gutbürgerliche Anständigkeit noch durch sozialpolitisches Engagement – Christ wird man nur durch Christus!
Johannes fährt fort in seinem Brief und schreibt einige Verse weiter:

»Wer den Sohn hat, der hat das Leben; wer den Sohn Gottes nicht hat, der hat das Leben nicht.«
Glauben Sie an Jesus Christus? Sie müssen das nicht tun. Gott wird Sie niemals zwingen. Er wirbt aber um Sie, er ruft und lockt. Ja, er leidet sogar, wenn Sie als sein geliebtes Geschöpf ohne eine wirkliche Beziehung zu ihm leben. Aber er zwingt nicht. Nur eines müssen Sie wissen: Sie sind moralisch voll verantwortlich für Ihre Entscheidungen. Sie und ich, wir müssen unsere Haltung zu Jesus Christus eines Tages vor Gott verantworten. Da geht kein Weg dran vorbei. Aber Sie können und dürfen glauben.

Klaus und Birgit

Ich möchte noch ein ermutigendes Beispiel erzählen. Es handelt von Klaus und Birgit. Die beiden waren verheiratet, hatten zwei prächtige Mädchen und waren in ihrem Dorf sehr beliebt. Sie arbeiteten auch in der Kirchengemeinde mit. Aber sie waren keine wirklichen Christen. Als Klaus schwer krank wurde, kam das Ehepaar in eine Krise. Gerade in dieser Zeit lernte ich die beiden bei einer Weihnachtsfeier kennen. In den folgenden Monaten lasen wir zweimal im Monat zusammen in der Bibel. Es war mit Händen zu greifen, wie sie von Mal zu Mal mehr vom eigentlichen Christsein verstanden. Nach etwa anderthalb Jahren erlebten die beiden die Erfüllung des Bibelwortes: *»Wie viele ihn* (Christus) *aufnahmen, denen gab er Macht, Gottes Kinder zu werden«* (Johannes 1,12). Klaus und Birgit bekannten ihre Schuld vor Gott und

nahmen seine Vergebung an. Sie schlugen eine neue Lebensrichtung ein – mit Christus im Herzen. Sie begannen, mit ihm und für ihn zu leben. Vorher hatten sie *den Namen* eines Christen, jetzt führen sie *das Leben* eines Christen. Diese Entscheidung liegt mittlerweile 25 Jahre zurück, und inzwischen sind auch die beiden Töchter überzeugte Christen und mit gläubigen Männern verheiratet.
Warum ich das erzähle? Weil ich zum Schluss gerne noch deutlich machen möchte: Wenn Menschen durch Christus Christen geworden sind, dann verändert sich ihr Leben, und sie beginnen, das Leben eines Christen zu führen.

Das Beispiel der ersten Christen

Und wie das konkret aussehen kann, das beschrieb ein römischer Geschichtsschreiber in einem Brief an den römischen Kaiser folgendermaßen:
»Die Christen kennen Gott und vertrauen ihm. Sie vergeben denen, die sie unterdrücken, und machen sie zu ihren Freunden. Sie tun ihren Feinden Gutes. Ihre Frauen sind rein und ihre Töchter sittsam. Ihre Männer gehen keine unrechtmäßigen Ehen ein und enthalten sich aller Unreinheit. Sie lieben einander. Sie retten die Waisen vor denen, die ihnen Gewalt antun. Sie weigern sich nicht, den Witwen zu helfen. Sie nehmen einen Fremden auf und freuen sich über ihn wie über einen wirklichen Bruder. Jeden Morgen und zu jeder Stunde loben sie Gott für seine Güte. Aber sie reden nicht öffentlich von ihren guten Taten, sondern neh-

men sich in Acht, damit sie von niemandem bemerkt werden. Das ist in der Tat ein neues Volk«, schreibt Aristides, *»und es ist etwas Göttliches an ihnen.«*[10]
Hoffentlich trifft das auch noch auf Christen des 21. Jahrhunderts zu! Wer Christus in seinem Herzen hat, der kann und der wird das Leben eines Christen führen. In dieser Reihenfolge macht das Ganze Sinn – nicht umgekehrt.
Und Sie? Leben Sie noch fern von Gott? Wollen Sie das nicht ändern? Wollen Sie nicht Ihre falschen Vorstellungen vom Christsein ablegen und sich ganz bewusst an Christus binden? Er ist das Leben. Und er kann Ihnen wahres Leben schenken.

---

[10] *Apologie des Aristides von Athen*, in: *Frühchristliche Apologeten und Märtyrerakten*, Band 1, München 1913.

Anhang: 6000 Punkte für den Himmel

Etwas verwirrt sah sich Herr Weber um. Ganz so nüchtern hatte er sich das alles nicht vorgestellt. Die Wände waren vollgestellt mit Büchern. Der Mann am Schreibtisch hatte ein professionelles Lächeln aufgesetzt. Nicht unbedingt herzlich.

Herr Weber spürte, wie seine Handflächen feucht wurden. *»Also, ich wollte mich hier melden«*, begann er schüchtern und überlegte fieberhaft, was er weiter sagen sollte. *»Mein Leben ist ja nun zu Ende, und ich würde gerne in den Himmel kommen.«*

Der Gesichtsausdruck des Mannes veränderte sich nicht. *»Das wollen alle.«*

»Ach ja?«, wunderte sich Herr Weber. *»Früher, auf der Erde, meine ich, da haben viele etwas ganz anderes gesagt. Sie meinten, es wäre zu langweilig im Himmel.«*

»Sie ändern ihre Meinung sehr schnell, wenn sie mal statt der seltsamen Bilder, die man sich auf der Erde von Himmel und Hölle so macht, die Wirklichkeit gesehen haben.«

»Ja«, meinte Herr Weber, *»das ging mir auch so. Drüben sah ich meine Schwiegermutter und meinen Nachbarn, der ja mein Todfeind auf der Erde war. Wenn ich mit denen die Ewigkeit verbringen müsste ...«*

»Dann wollen wir mal sehen, was sich machen lässt«, sagte der Mann am Schreibtisch. In seiner Stimme fehlte die Zuversicht. Herr Weber wappnete sich. Er hatte sich schließlich nichts vorzuwerfen.

»Was muss ich denn nun machen, um in den Himmel zu kommen?«
»Sie brauchen 6000 Punkte.«
»6000 Punkte? Und wie bekommt man die?«
»Durch gute Werke, tadelloses Leben, gute Moral usw.«
»Ach ja«, lächelte Herr Weber getrost, *»das müsste ich schon erreichen können. Ich war kein schlechter Mensch. Ich habe in meinem ganzen Leben niemanden umgebracht, ich habe nie gestohlen, habe immer versucht, freundlich zu meinen Mitmenschen zu sein, ich ging regelmäßig zur Kirche – oder zumindest fast regelmäßig ...«*
»Halt!«, rief der Mann. *»Wir müssen das im Einzelnen festhalten und die Punkte zusammenzählen.«*
»Also gut.« Herr Weber war die Ruhe selbst. *»Soll ich anfangen, oder stellen Sie die Fragen?«*
»Fangen Sie ruhig einmal an.«
»Ja, das ist gar nicht so einfach. Schließlich führt man nicht Buch über all die Dinge, die man gut gemacht hat«, räumte Herr Weber bescheiden ein.
»Wir schon! Machen Sie sich also darüber keine Sorgen.«
Warum wurde ihm denn so unbehaglich bei diesen Worten? Herr Weber schüttelte die schlechte Stimmung ab.
»Also, fangen wir zuerst mal bei meiner Frau an. Ich habe sie immer gut behandelt, nie geschlagen, und sie musste auch nie um Geld betteln. Ich sorgte immer dafür, dass sie genug zur Verfügung hatte. Streit hatten wir nur selten, und ich habe sie auch nie dabei angeschrien, oder fast nie.« Zufrieden sah Herr Weber, dass der Mann am Schreibtisch Striche machte. *»Dann zu*

meinen Kindern. Die habe ich sehr geliebt. Vor allem meinen Sohn. Ich habe schwer geschuftet, um ihm ein besseres Leben zu ermöglichen. Ich bestand darauf, dass er aufs Gymnasium ging. Ich zahlte die Nachhilfestunden, die er dafür brauchte, ich redete ihm Tag und Nacht ins Gewissen ...«

»Was ist aus ihm geworden?«

Etwas aus dem Konzept gebracht, starrte Herr Weber sein Gegenüber an. Sollte er die Wahrheit sagen? Nun, hier würde ihm das Flunkern wohl nicht viel nützen. Die wussten bestimmt alles.

»Er geriet in schlechte Gesellschaft. Hat sich irgend so einer Kommune angeschlossen, was immer das auch sein mag. Das war der Dank!«

Herr Weber fasste sich gewohnheitsmäßig ans Herz, doch da reagierte gar nichts. Erschrocken sah er, dass der Mann ein paar Striche wieder ausradierte.

»Was machen Sie da?«

»Dafür können wir Ihnen natürlich keine Punkte geben. Das sehen Sie bestimmt ein, oder?«

Eigentlich wollte Herr Weber aufbegehren, aber plötzlich sah er mit erschreckender Klarheit etwas, was er auf der Erde nie hatte einsehen wollen. Er hatte seinen Sohn in die Enge getrieben, er hatte immer zu viel von ihm verlangt.

»Na gut, ich verstehe. Aber da war noch meine Tochter. Sie ist ein anständiges, nettes Mädchen geworden.«

Aufatmend sah Herr Weber, dass der andere einen Strich machte. Doch dann dämmerte ihm etwas. *»Was tun Sie da? Ein einziger Punkt dafür? Und was ist mit all den Nächten, die wir durchgewacht haben, als sie krank war; mit der Ausbildung, die ich bezahlt habe?«*

»Die durchwachten Nächte gehen, soviel ich weiß, auf das Konto Ihrer Frau, das andere müssen wir einzeln betrachten.«

Herr Weber sackte zusammen. *»Also, dann weiter. Meine Schwiegermutter war wirklich ein böser Mensch. Trotzdem habe ich sie immer sehr höflich behandelt ...«*

Er beugte sich vor.

»Was, nur einen Punkt? Wissen Sie denn nicht, was mich das gekostet hat?«

»Doch, doch«, beruhigte ihn der andere, *»aber Sie hätten sie lieben sollen.«*

»Meine Schwiegermutter! Wie hätte ich denn das machen sollen?«

Der Mann hinter dem Schreibtisch schien sich nicht auf Einzelheiten einlassen zu wollen.

»Also, machen wir weiter.«

Erschöpft redete Herr Weber weiter: *»Meinem Nachbarn habe ich oft geholfen ...«*

»... aber zuletzt waren Sie doch sehr verfeindet«, unterbrach ihn der Mann.

»Ja, natürlich!« Herr Weber wurde heftig. *»Wie hätte man denn mit dem in Frieden leben sollen?«* Resigniert starrte er seinen unerbittlichen Gesprächspartner an.

»Wie viele Punkte habe ich denn?«

»Zweiunddreißig.«

Das verschlug sogar Herrn Weber die Sprache. *»Was, so kann ich höchstens auf fünfzig Punkte kommen. Gibt es etwas, wo man mehr Punkte bekommt? Versuchen wir es doch mal mit den Zehn Geboten – die habe ich fast alle gehalten.«*

»Ja«, räumte sein Gegenüber mit freundlicher Stimme ein, *»da würde es sehr viele Punkte geben.«*
Tief seufzend lehnte sich Herr Weber zurück. *»Fangen wir doch einmal an mit: Du sollst nicht stehlen. Ich war immer ehrlich. Mein Bruder, der hat schon als Kind gestohlen; ich nicht.«*
»Wie steht's mit der Steuererklärung? Immer vollkommen ehrlich?«
Herr Weber schluckte.
»Aber das ist doch kein Stehlen. Das hat doch jeder gemacht.«
»Leider haben Sie damit den Staat bestohlen. Und wie war das mit dem Versicherungsfall damals, als Sie ...«
»Das gilt auch als Stehlen?«, unterbrach Herr Weber entsetzt. *»Also lassen wir das. Wenn ihr so kleinlich seid, brauche ich das Gebot über das falsche Zeugnisablegen gar nicht erst erwähnen. Natürlich habe ich hier und da mal eine Notlüge gebraucht, aber ich war bemüht, nie schlimm zu lügen.«*
Ein Blick zu dem Mann sagte alles.
»Versuchen wir es mit dem nächsten: Du sollst nicht töten. Das weiß ich nun ganz genau, dass ich das nicht übertreten habe. Wie viele Punkte gibt das?«
»Wir müssen das erst einmal klären. Erinnern Sie sich an die Worte, als der Gerichtsbeschluss kam, der Ihrem Nachbarn recht gab?«
Schweigen.
»Sie sagten: ›Dem Kerl drehe ich noch mal den Kragen um.‹«
»Das redet man doch nur so daher. Schließlich habe ich es nicht getan.«

»Und wie oft haben Sie ausgerechnet, wie lange Ihre Schwiegermutter mit ihrer Krankheit wohl noch zu leben hat und was Sie dann erben? Haben Sie nicht mit dem Arzt darüber gesprochen, dass man ihr Leben nicht verlängern sollte?«

Herr Weber wurde zum ersten Mal richtig verlegen. *»Aber sie ist einen ganz natürlichen Tod gestorben, und ich habe sie nicht umgebracht.«*

»Aber der Wunsch war in Ihrem Herzen vorhanden, und Sie wollten den Arzt für Ihre Pläne missbrauchen.«

»Weiß meine Schwiegermutter nun auch davon?«, hauchte Herr Weber entsetzt.

»Ja, selbstverständlich. Hier weiß jeder alles vom andern.«

»Alles?«

»Ja, alles!«

»Und wenn ich einen einzigen Ehebruch begangen habe, bekomme ich auch da keine Punkte?«

Stumm schüttelte sein Gegenüber den Kopf.

»Obwohl Sie wissen, dass ich meiner Frau 37 Jahre lang treu war und dass da nur dieser einzige dumme Fehltritt von mir war? Ich war kein Mann, der anderen Frauen nachstieg.«

»Aber in Gedanken?«

»In Gedanken!«, schrie Herr Weber nun gequält auf. *»Was tut man nicht alles in Gedanken. Aber das machen doch alle. Ich war ein ganz normaler Mensch, ich war nie besonders schlecht. Ihr könnt doch hier nicht pedantisch sein!«*

»Aber Herr Weber, wir haben hier ein sehr ausgeprägtes Gerechtigkeitsgefühl. Wie oft haben Sie nach Gottes Gerechtigkeit gerufen, die sich einmal zeigen soll? Nun,

hier ist sie. Gott hat niemanden darüber im Unklaren gelassen, dass er am Ende des Lebens richten wird. Das haben Sie doch auch gehört, oder?«

»Ja, schon, aber ich dachte, ich sei nicht so schlecht, um abgeurteilt zu werden.«

»Aber warum hat dann Gott seinen Sohn gesandt, um für die Sünder zu sterben?«

»Daran habe ich schon geglaubt.« Plötzlich wurde Herr Weber wieder lebhaft. *»Heißt es denn nicht irgendwo in der Bibel, dass der das ewige Leben bekommt, der an Jesus Christus glaubt?«*

»Doch, Sie kennen sich gut aus. Aber Sie haben ja gar nicht wirklich an ihn geglaubt. Der Sühnetod Jesu hatte für Sie im Grunde keine Bedeutung. Sie wollten es ja mit Ihren eigenen Taten schaffen. Sie waren in Ihrem tiefsten Innern nicht davon überzeugt, dass der Sohn Gottes auch für Sie ganz allein hätte sterben müssen, weil Sie vor Gott nicht bestehen können. Sie waren gar nicht so schlecht in Ihren Augen.«

»Das muss ich leider zugeben. Ich kann mich auch nicht daran erinnern, dass mir jemand gesagt hätte, dass es hier so streng zugeht. Habe ich noch irgendeine Möglichkeit?«

»Wir haben alles, was Sie getan haben, in einem Buch aufgeschrieben: Gutes und Schlechtes. Wir könnten das gegeneinander abwägen. Wenn dann 6000 Punkte übrig bleiben, dürfen Sie hier bleiben. Soll ich das Buch holen?«

Resigniert winkte Herr Weber ab. *»Lassen Sie das, das erreiche ich nie. Aber das sage ich Ihnen noch, bevor ich gehe. Sie haben ja scheinbar überhaupt keine Ahnung, wie es draußen in der Welt zugeht. Da kommt ja niemand hier herein!«*

Dann machte er eine kleine Pause, besann sich. *»Aber, wo kommen denn diese Menschen alle her, die da lachend herumgelaufen sind? Ich wette, die haben es genauso wenig verdient wie ich. Hatten wohl genügend Geld, um den Eintritt zu bezahlen«*, setzte er boshaft hinzu. Jetzt war es sowieso egal, was sein Gegenüber dachte.

Doch der blieb völlig ruhig und sachlich. *»Sie haben immer noch nicht verstanden, was ich Ihnen mitteilen wollte. Diese Menschen haben eine Eintrittskarte bekommen, das stimmt ...«*

»Dacht' ich mir doch!«, unterbrach ihn Herr Weber trotzig.

»Aber die haben sie nicht bezahlt, niemand konnte so viel zahlen, nur einer. Und der hat gleich für alle bezahlt. Es gab eine 6000-Punkte-Karte ganz umsonst. Wer seinen Stolz beiseitelegte, über seinen falschen Weg Buße tat und sich diese Karte von Jesus Christus schenken ließ, weil er einsah, dass er die erforderliche Punktzahl nie und nimmer erreichen würde, der hat hier freien Eintritt ... für die Ewigkeit.«

»Und der darf für immer in diesem herrlichen Land leben?«

»Für immer!«, bekräftigte der Mann leise.

»Aber warum hat mir denn das keiner gesagt, das hätte ich doch gleich gemacht. Ich wurde völlig falsch informiert. Ich dachte, man müsse nur halbwegs recht leben. Sie kennen doch das Sprichwort: ›Tue recht und scheue niemand.‹ Daran habe ich mich immer gehalten. Können Sie denn gar keine Ausnahme machen?«

Verzweifelt beugte sich Herr Weber über den Tisch und versuchte, die Hand des Mannes zu erfassen. Doch der zerrann in einem grauen Nebel. *»Hören Sie mir doch zu! Lassen Sie mich doch nicht allein! Ich will nicht an diesen furchtbaren Ort!«*

Schweißgebadet wachte Herr Weber auf. Verängstigt sah er sich um. Es war so dunkel wie dort, wo er nicht hinwollte.

»Was hast du denn, Werner, hast du schlecht geträumt?«

»Geträumt?«

Ja, es war alles nur ein Traum gewesen! Mit einem Ruck schoss Herr Weber aus dem Bett. *Nur ein Traum*, dachte er überglücklich. Er hatte also noch eine Chance; und die wollte er nutzen, damit sein Traum keine Wirklichkeit werden würde.

»Es ist dem Menschen bestimmt, einmal zu sterben, danach kommt das Gericht.«

(Hebräer 9,27)

»Wer an den Sohn glaubt, hat ewiges Leben; wer aber dem Sohn nicht gehorcht, wird das Leben nicht sehen, sondern der Zorn Gottes bleibt auf ihm.«

(Johannes 3,36)

»Denn durch die Gnade seid ihr errettet durch Glauben, und das nicht aus euch, Gottes Gabe ist es; nicht aus Werken, damit niemand sich rühme.«

(Epheser 2,8-9)

Norbert und Veronika Fritz,
überarbeitet von Wilfried Plock

Werner Gitt

Fragen, die immer wieder …

Fragen, die immer wieder gestellt werden

192 Seiten, Taschenbuch

ISBN 978-3-89397-127-5

Prof. Dr. W. Gitt gibt Antworten, die aus der Evangelisationspraxis, aus Gesprächen mit fragenden Menschen und aus dem Studium der Schrift erwachsen sind. Die Fragen sind nicht »am grünen Tisch« entworfen, sondern wurden wirklich gestellt. Von daher handelt es sich nicht um theologische Spitzfindigkeiten, sondern um Probleme, die Zweifler, Fragende und Suchende wirklich bewegen. Der Autor behandelt dabei folgende Themen: Gott – Bibel – Schöpfung, Wissenschaft und Glaube – das Heil – die Religionen – Leben und Glauben – Tod und Ewigkeit.